むてきの三人組

高知県こども詩集
やまもも　第39集
高知県児童詩研究会編

高知新聞社

田ノ口小三年　二岡　優人

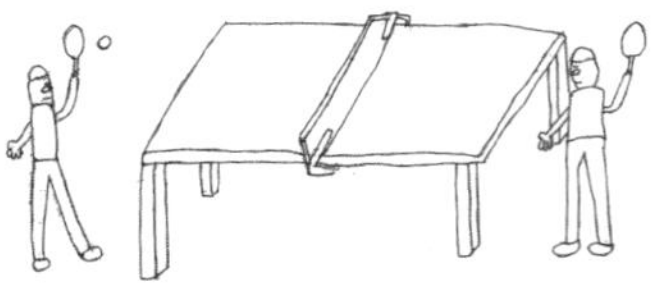

片島中二年　橋本　海

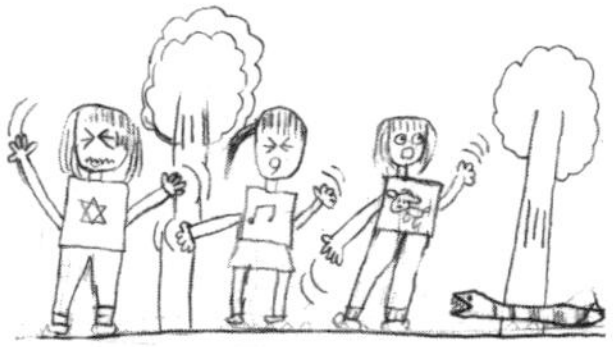

下山小三年　楠村　羽琉

みなさんへ
いきいきと生活する子どもたち

高知県児童詩研究会
会長　小笠原哲司

『やまもも』第39集「むてきの三人組」ができました。

高知県こども詩集『やまもも』は、県内の多くの学校で書かれている子どもたちの詩が、教室だけでなくより多くの子どもたち、教師、父母に読まれることを願い、一九七七（昭和五十二）年に第一集が発刊されました。その後、毎年刊行され、今年は三十九集を数えるに至っています。

三十九集のタイトルとなった「むてきの三人組」（野市東小二年　市川けいたさん）は、いきいきと過ごす子どもたちの姿に、読む者まで元気がもらえるような明るさと活力にあふ

大宮小三年　武内　詩菜

清和女子中一年　安井　月乃

高知大学附属小三年　髙橋　雄斗

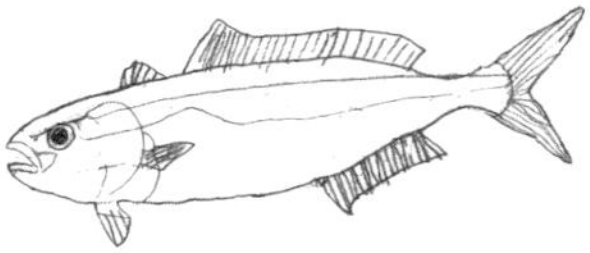

三高小四年　山本　蒼

佐喜浜小四年　山本　若菜

枝川小五年　岩目　栞凜

東中二年　今津　萌

行川小二年　宇川　岳志

れています。このように子どもらしい素直な目や心情、現在をせいいっぱい生きようとしている子どもたちの姿がつづられた詩が、今年も県内各地の小学校百七十三校、中学校二十三校から六千四百三十一編も寄せられました。この『やまもも』第三十九集には、その中から三百三十一編の作品が載せられています。詩やカットなどを寄せてくださった小・中学生、教職員の皆さん、発行にご協力くださった方々に厚くお礼申し上げます。

　昨年刊行した『やまもも』第三十八集は、「日本作文の会」が主催する第六十三回全日本文詩集表彰において地域実践賞を受賞しました。また、本年度から使用される国語科教科書（東京書籍　三年下巻）に、『やまもも』第三十五集に掲載された「きんもくせいに負けた」（昭和小三年　北岡真明さん）が教材として取り上げられることになったことも、たいへんうれしいニュースでした。これからも、詩を書く子ども、詩を読み合う教室が県内に広がっていくことを願っています。

下川口小六年　谷脇　碧唯

川内小三年　森　汐璃

鏡小二年　平田夏奈海

神田小一年　村岡　杏海

東山小二年　小田　紗采

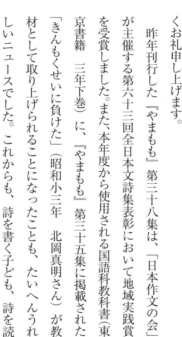

もくじ

★☆★ 小学校 一年生 ☆★☆

窪川中二年　久保田美優

加領郷小三年　増岡　咲那

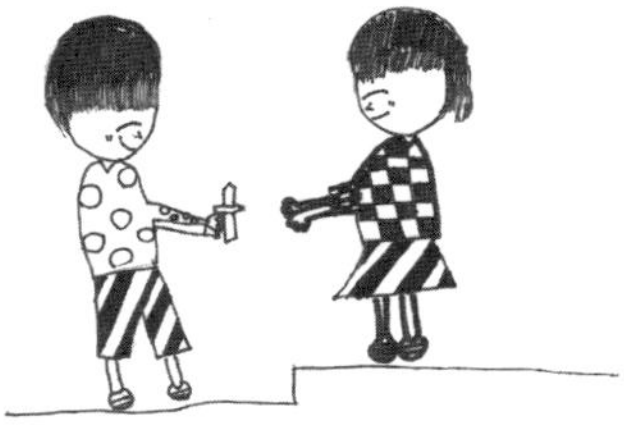
入野小二年　日野　桃歌

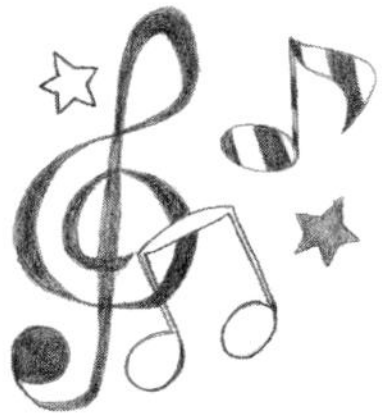
久礼中二年　濱田　歩花

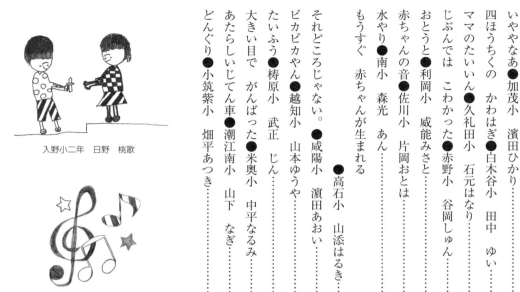

百というかん字●神谷小　市川りょうた……47
むささびが　うちにきた●池川小　片岡さとる……47
おてつだい●川口小　谷淵かんた……48
左足で　一てん●横浜新町小　宗光あすか……48
はやねを　めざす●川登小　福田たみえ……48
こうちょう先生　はたらくなあ
●中筋小　岡本ほのか……49
しんぶんを　見せた●南郷小　高橋めいり……49
あおばずく●葉山小　中井ここな……49

★☆★ 小学校二年生 ★★★

むてきの三人組●野市東小　市川けいた……50
あおいくんがおちた●蓮池小　尾﨑けいしょう……51
つららチャイム●長沢小　藤田みゆか……52
うれしいお茶会●小筑紫小　福井かりん……52
おにぎり●吾北小　高橋ゆうり……53
天才あきのりくん●介良潮見台小　田原まさひろ……54
校長先生は足がはやい●江陽小　谷こうせい……55
よかった●一宮小　森　ひびき……56
雨のはく手●吾桑小　梅原　ゆう……57
はじめてのちちしぼり●大島小　島村みそら……57
しょう来のゆめ●平田小　曽我　ねお……58
田んぼがつかった●利岡小　田中そうのすけ……59
お兄ちゃんがかえってきた
●三崎小　山本しゅんすけ……60
先生といっしょにねた●潮江小　矢野きひろ……61
ブランコ　ビュービュー●鏡小　平田ななみ……62
いたどり●高岡第二小　石元とうや……62
にわとりのこうげき●中央小　玉川たつひろ……63
丸をつけてもらった●具同小　今城みさき……64
ひみつきち●久礼小　池田ゆうき……65
水かめ●横内小　伊藤さくらこ……66
ねてしもうた●中村南小　辻　ほのか……67
おふろ●佐喜浜小　寺内たかひさ……67
ギンヤンマのヤゴ●東又小　島岡しゅうへい……68
校長先生、おたん生日おめでとう
●田野々小　川上しょうや……69

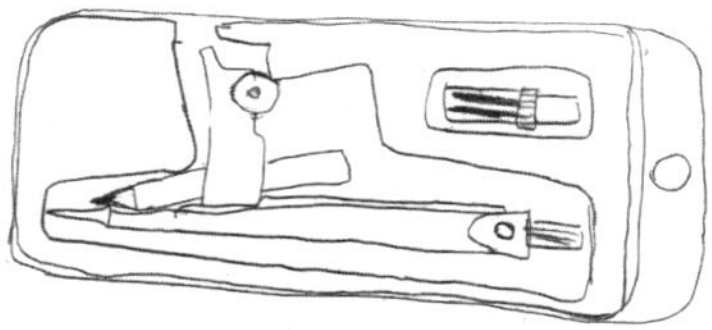

大川中一年　岡本　凌汰

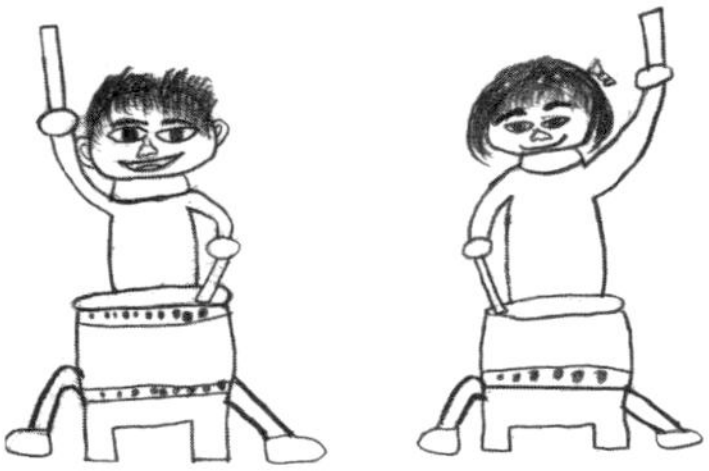

足摺岬小二年　福山宇都吉

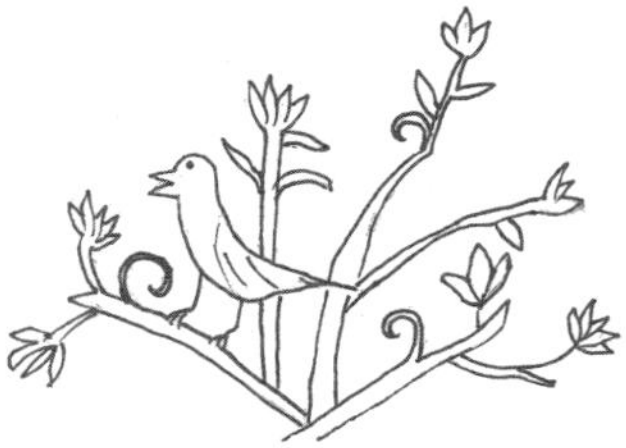

上川口小六年　金子　葵

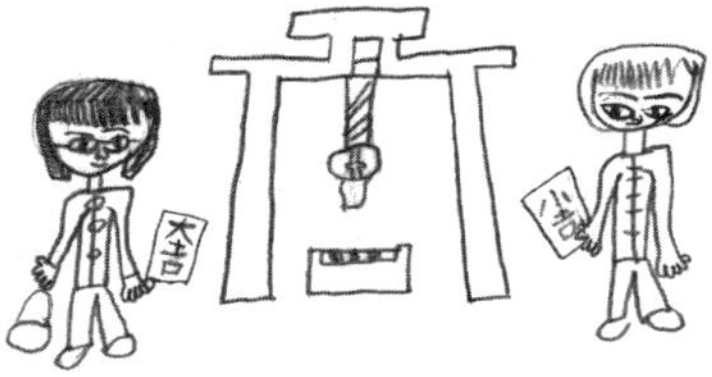

三崎小二年　島岡　玲奈

★☆★ 小学校 三年生 ★★☆

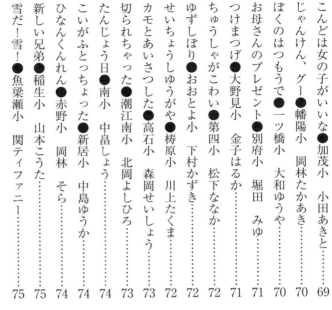

中央小六年　池　優二郎

仁井田小六年　又川　朋海

★☆★ 小学校 四年生 ★★★

蕨岡小二年　朝日　来波

拳ノ川小二年　岩本　健吾

ほんとうはやさしかった●長浜小　酒井　蒼河……133
母の日●潮江東小　山川　蒼……134
かみ形●江陽小　立花宗一郎……134
家出●宿毛小　川野　雄大……134
野球●安芸第一小　森山　皓貴……135
お父さんのせなか●竹島小　前田　廉……135
ハゼにことうた●久礼小　山本　陽仁……136
夜きんの日●行川小　宮地　美宏……136
晃成君、ごめんね●長岡小　中山　綾都……137
オレンジ牛にゅう●野市東小　公文　周漢……137
イヤッホー●下田小　山本　海呂……138
ぼくのお手伝い●吾北小　下元　颯太……138
一輪車●土佐町小　石川　煌牙……139
くやしかった●高石小　沖田　海聖……139
私の家でも異物混入●潮江南小　宮田　陽佳……140
楽しいひみつきち●枝川小　岡林　諭生……140
新しい家●伊尾木小　佐々木遥香……140

★☆★ 小学校　五年生 ★★★

牛の手術●川北小　曽我　優花……144
台風十二号●加茂小　大﨑　愛深……144
よりによって●舟入小　山中　悠加……145
ヘリラジコン●吾北小　山本　一颯……146

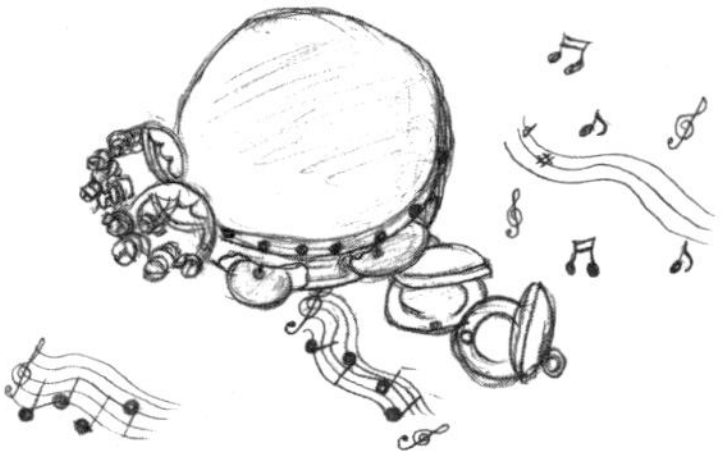

北川小四年　宮田　舞都

八束小四年　山﨑　愛紗

ぼくもなりたい●潮江東小　徳廣　文太……147
おかみの修業●中村小　尾﨑しずく……148
いのしし●浦ノ内小　池田　翔空……149
弟との初めての自転車登校●松田川小　坂本七胡実……150
神祭の日●後免野田小　田口　雷士……151
泣きそうになった●上川口小　田邊　永遠……151
先生のくせ●黒岩小　馬場　真由……152
弟●三里小　関澤　凪海……153
ありがとう●日章小　竹島　未菜……154
かくり●野市小　野口　絵美……155
教頭先生に勝った●新居小　明神陽奈子……156
お母さんの笑い●高知小　大岩　由奈……157
手紙●潮江東小　川田　ララ……158
出港祭●大湊小　浜田萌々子……159

★☆★ 小学校　六年生 ★★★

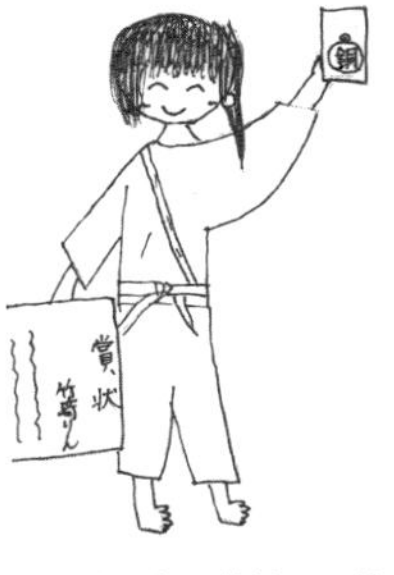

東中筋小五年　竹﨑　鈴

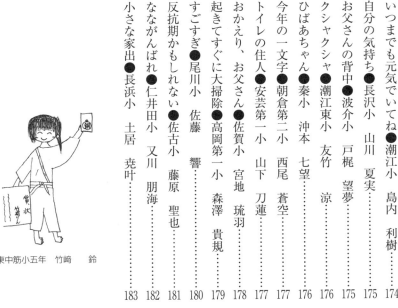

赤岡小一年　川村　音葉

平田小五年　東　菜々子

★☆★ 中学生 ★★★

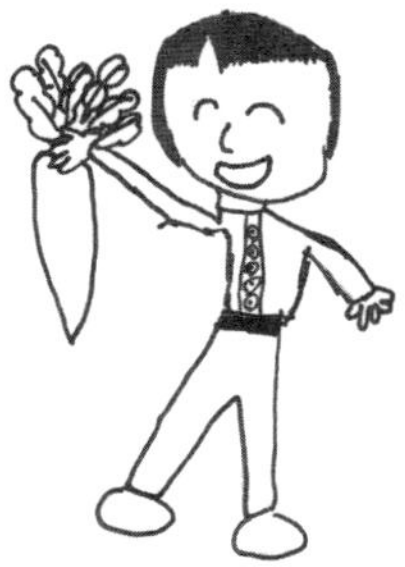
西土佐小二年　酒井　里真

表紙絵／
岩永　奏（川北小一年）
——第65回こども県展特選作品——

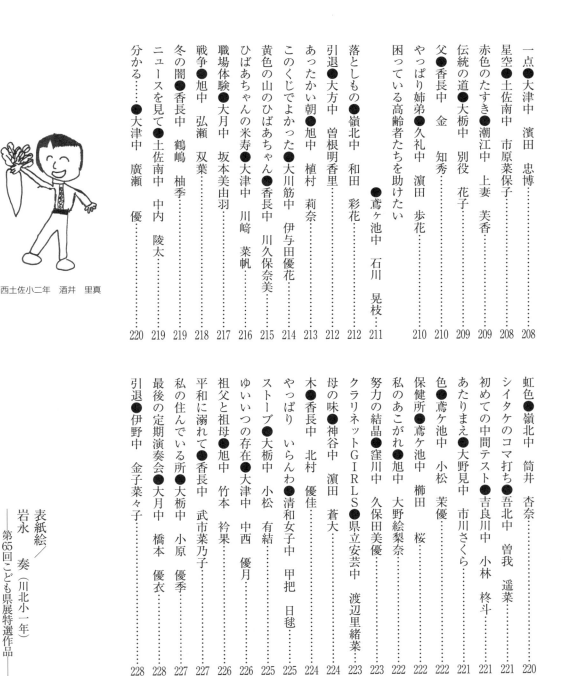

わたしたちの学校

いの町立
吾北小学校

平成二十三年四月、吾北地区にあった四つの小学校が統合し「吾北小学校」が開校して四年目になります。二十六年度は、七十四人の児童が、「みらいを拓く吾北の子」として元気に学んでいます。

吾北地区は、以前から書くことを大切にした教育活動が行われてきました。各校で文詩集が作られ、地区の全小中学校から詩や作文、俳句や短歌などを集めた「吾北の子」という文詩集が、昭和、平成と受け継がれて発行されてきました。残念ながら、合併によりその歴史は終わってしまいました。

しかし、先人たちが積み上げてきた歴史は途絶えることなく吾北小学校で受け継がれています。

どの学年も日記を書き、一、二学期には、日記集会を行っています。二学年ずつのブロックで毎回一人ずつ日記を紹介し、感想を交流します。三学期には、全校で詩を読み合う集会も行います。読み合うことで書き方を学び合うだけでなく、友達の知らなかった一面に気づいたり、ものの見方や考え方が広がったりしています。読み合った作品は廊下に掲示し、いつでも読め、感想をカードに書いて張ったりできるようにしています。

書き上げた詩は、全校で、こども詩集『やまもも』へ応募したり、学校詩集「吾北の子」としてまとめたりしています。詩集「吾北の子」は、家庭や地域の方に配布するだけでなく、児童が一冊ずつ持ち、学級でも読み合い、感想交流などをします。友達からのメッセージをカードや付せんで受け取り、文集に張るようにしています。

豊かに表現できる子どもの育成をめざして、これからも全校で書くことや読み合うことを大切にしていきたいと考えています。

香南市立
佐古小学校

高知県の中東部に位置する香南市立佐古小学校は、県立のいち動物公園や県立青少年センター、四国八十八カ所第二十八番札所「大日寺」が校区にあります。学校は小高い丘にあり、町内はもとより周りの山々や田園、太平洋まで見渡せる豊かな自然環境にあります。近年、津波の影響も少ないため、宅地化が進み児童数は増加の一途をたどっています。現在の児童数は二百七十二人で、明るく素直で元気な子どもたちの笑顔であふれています。

佐古小学校では、「自ら学び、自分の思いや考えを表現できる児童の育成を目指して」を主題として、算数科を中心に様々な取り組みを行っています。

読書タイムと読み聞かせ

朝一番、図書室は本の借りかえにきた児童でいっぱいです。学校では「朝の読書タイム」を設け、静かに本を読むことから一日がスタートします。低学年の教室には、週に一回地域の方がボランティアで読み聞かせに来てくださっています。さらに、教員が他のクラスへと読み聞かせに行く「全校読み聞かせ」を学期に一回行っています。誰《だれ》が来るのかは、当日までのお楽しみ。今日は誰が来るのかなと、楽しむ児童の姿が見られます。

読書ゆうびん

子どもたちは日々たくさんの本と出合っています。感動した本を友だちに伝える「読書ゆうびん」にも取り組んでいます。上級生からもらったはがきを笑顔で見つめる子、面白い本があったから友だちに紹介しようとはがきを手にする子。届ける相手がいることで、子どもたちは進んで書くことにも取り組んでいます。

表現活動

算数科では、授業の終わりに学習感想を書く「算数日記」を取り入れ、表現活動を行っています。

「書くこと」を通して自分の思いを表現し、それを共有していくことで、自分の考えを自信をもって言うことができ、笑顔のあふれる「いきいきとした佐古の子」が育っています。

特集

絆《きずな》をもとめて

平成二十六年五月二日、高知県児童詩研究会の仲間五人は福島県郡山市で児童詩誌を発行している「青い窓の会」を訪ねました。郡山市は高知から約一〇五〇キロ、原発のある双葉郡大熊町から六〇キロ余り離れた場所です。車で十九時間かけ、やっと郡山市に着きました。

原発事故後の郡山市

平成二十三年三月十一日の東日本大震災と原発事故は、郡山市にも大きな悲しみと不安、風評被害をもたらしました。放射線への不安を取り除き、健康を守るために奇妙な形の放射線測定装置が各地に設置されていました。

郡山市では、子どもたちが思いっきり体を使って遊べる場を作ろうと、年齢も職業も違う大人たちが協力して「PEP Kids Koriyama」を開設しています。「PEP」は元気なという意味で、子どもの適切な運動と食生活など子育てについてのアドバイスを行っています。子どもの安心と安全を守るための大人たちの絆となっています。

青い窓から届いたことばの力

「青い窓」の誕生は、昭和三十三年、佐藤浩先生たち幼なじみ四人が、子どもたちに共通の思い出の場所を造ろうということで、和菓子店（柏屋）のウインドーに子どもたちの詩を飾ったことから始まりました。

以来、震災時を含め五十六年間、児童詩誌「青い窓」は休まず子どもの素晴らしさを発信し続けています。

佐藤先生が大切にした言葉に「眼聴耳視」（げんちょうじし）があります。「ものの本質は目に見えない。目で聴いて、耳で視ることで初めてとらえることができる」ということです。目で見るのが作文。目で聴くのが詩です。「青い窓」の原点はここにあります。

震災と原発事故は、子どもたちにも悲しい思いを残しました。そんなときに一編の詩が「青い窓の会」に送られてきました。子どもたちの詩は、時として人間が生きていくために大切なものや人間の素晴らしさを教えてくれます。

夢

小学五年　清信　龍弥

ぼくには　夢がある
それはマッサージ師になること
三月十一日　震災がおきた
だから　役に立てる人になりたい
それができなかったら
車を売る人になりたい
車が　きゅうにこわれたら
すぐに　直せるから
こまっている人が　いたらできるから
ぼくは　いろんな人が
こまっている時　たすけたり
はげましたり　することが
好きだから
やりたいんだ
まだ　震災が終わったわけではない
だから　たすけたい
そう思う
だから　たすけたい　たすけたい

この詩は明日への希望がつづられています。悲しみは優しさを生み、たくましさを育んでいます。

高知県こども詩集『やまもも』もまた、よく見て、よく考え、確かな目を育てています。子どもたちのすなおな言葉や心を大切に、高知発の子どもの声を届けています。

小学校 低学年

田野小で

新居小で

はりまや橋小で

稲生小で

小筑紫小で

東中筋小で

長沢小で

波介小で

大野見小で

小学校低学年の詩を読む

◆一年生◆
その子らしさを大切に

一年生は、家庭でのお手伝いや温かいふれあいの中から、優しさあふれる作品が多く寄せられました。弟や妹の誕生や成長を喜んだり、おじいちゃんやおばあちゃんの仕事を手伝ったり、家族の一員としてがんばる気持ちが伝わってきました。

「あさ　おきれん」は、寒い日の朝、ふとんから出たくないという素直な気持ちが、おかあさんとのやりとりで楽しくえがかれた詩です。「ぼくは、プロ」からは、みかんの選別のプロであるおじいちゃんから認めてもらったうれしさが伝わってきます。「大きい目で　がんばった」は、家で宿題をしながらねむけと必死にたたかう作者の様子が浮かんできます。「すいせん」は、生活科の春見つけで亡くなったおばあちゃんがすきだったすいせんを見つけて、思いを寄せる心温まる詩です。

友達と元気いっぱいに遊んだ作品は少なかったのですが、「ピンチ」は海でおぼれそうになった一瞬を上手に切りとった作品です。最後の一言に助かってほっとした気持ちがつまっています。

どの詩も、子どもらしいきらりと光る言葉が入っており、場面の切り取りが上手にできていました。どんなことも受け止め、その子らしさを大事にする大人でありたいものだと一年生のすてきな詩を読みながら思ったことでした。

（池　洋美）

舟入小五年　久原　海咲

きいて　きいて　ちいさなつぶやき

海津見《わだつみ》保育園

くちばしが　いたい

1才　Aちゃん

くちびるを、コンとぶつけて
「てんてい、くちばしがいたい。」

みつまめにして

1才　M子ちゃん

M子「てんてい～。かみくくって～。」
保育士「いいよ。」
M子「あのね～、みつまめにしてよ。」
保育士「みつまめ?あ～、みつあみね。」

土佐山小二年　永野ひまり

◆二年生◆
「つながり」がいっぱい

　二年生は全学年で一番多い一一四五編の作品が届けられました。どの作品にも家族や友達、自然や生き物とつながり、心豊かにいきいきと成長している姿がうかんでくるすてきなものばかりでした。

「むてきの三人組」「つららチャイム」「雨のはく手」などは、題名に工夫がみられました。題名も詩の一行として大切にされていることが分かり、読んでみたい作品がたくさんありました。

「むてきの三人組」は友達三人でグレート団を結成し、特訓の様子がリズム良く書かれています。チームワークの良さや、元気いっぱい活動する様子が伝わってきました。

「うれしいお茶会」「よかった」「先生といっしょにねた」「天才あきのりくん」は、友達や先生とのあたたかいつながりの中でうまれています。友だちのことをすごいなと思ったり、大じょうぶかなと心配したり、やさしい目で見つめている二年生の姿がうかんできました。

　また、自然の美しさを書いた「つららチャイム」、自然のおそろしさに目を向けた「田んぼがつかった」は、どちらも自分と自然とのつながりについて考えられた詩です。

　生活の中にはたくさんの詩のたねがあります。見たこと、思ったこと、感じたことなど、たくさんのことにアンテナをはり、一番心が動いたことを自分の言葉で書いてみましょう。

（大坪　美記）

高岡第二小一年　川上　真央

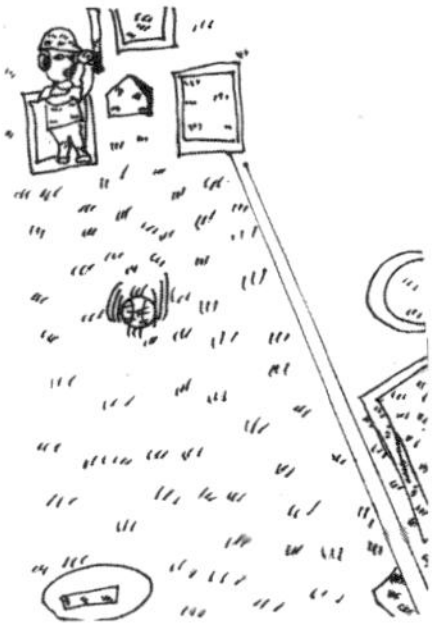

山奈小三年　矢野　亘輝

べんけいの　なきごころ

4才　Cくん

むこうずねをうっていたがる子に
「そこ、いたいがねえ。」
Cくん「おばあちゃんが、べんけいのなきごころ（なきどころ）って言いよったでえ。」

あまえんぼう

4才　Mちゃん／Sちゃん

川のふちを　おさんぽ中
Mちゃん「あっ！あまえんぼうや！」
Sちゃん「それっていつまでも、お母さんにくっつくことで。」
Mちゃん「ちがうちがう、あめんぼうよえ。」

インフルエンザA、B、C

5才　Aくん

びょうきでおやすみの先生をしんぱいして「先生、だいじょうぶやろうかねえ。」
Aくん「インフルエンザAやろか、Bやろか、Cやろか。」

一宮東小三年　竹口　悠斗

すいせん

新居小一年　明神みかこ

生かつかの　じかんに
春　見つけをした。
うらのはたけの　ふちに
すいせんが　さいちょった。
おばあちゃんの　すきな花や。
とても　いいにおいがした。
おばあちゃんは
ほいくえんのとき　なくなった。
「すいせん　もってかえっていい。」
先生にきいて
もらってかえった。
おばあちゃんの　しゃしんのまえの
花びんに　さした。
「おばあちゃん
もうすいせん　さいちょったで。
いいにおいやろう。」

江ノ口小一年　小原　優稀

おばあちゃんの　すきな花を　おぼえていた
みかこさんのやさしさに　ぐっときました。
きっと　おばあちゃんも　よろこんでいるよ。

ピンチ

窪川小一年　猪野はるひ

たいりと　うみへいった
ぴょんぴょん　とびながら
うみへ　入っていった
いきなり　まえから
大きななみが　きた
あっというまに　足がとどかんなった
おぼれる！
「たいり　およぐのじょうずやろ
ぼくも　スイミングのやるき
それで　もどろう」
ぼくは　ひっしでおよいだ
おぼれそう
足が　すなにあたった
「ピンチやった」
たいりが　いった

こわかったね。はるひさんの　どきどきがつたわってくるよ。スイミングのことを　よくおもいだしたね。たすかって　よかった。

春野西小一年　大山　寧々

ぼくは、プロ

秦小一年　小松ゆうき

「ゆうき、いっぱいになったき、
　せんべつするで。」
おじいちゃんが、みかんを
どどどっと　入れた。
ハンドルを　ぐるぐるまわすと、
みかんが　ごろごろまわって、
カックンカックンと　あなにおちる。
でも、はやくまわしすぎると、きずがつく。
おじいちゃんが、
「ゆっくり　まわしたらいいよ。」
とおしえてくれた。
おとうとのはるとにも　やらしちゃった。
みかんのはこが、
かぞえきれんほど　できた。
おじいちゃんが、
「やっぱり、ゆうきは　うまいねえ。」
といった。
ぼくは、みかんの　せんべつのプロ。
えっへん！

香我美小四年　堀　真奈

みかんのせんべつのようすを　よく見て　かけていますね。たよりになるゆうきさんがいてくれたら　おじいちゃんも　うれしいね。

あさ　おきれん

介良小一年　竹内　はる

学校にいくとき
まい日　ちこくぎりぎりになる
おかあさんに
いつも　おこられる
ぜんぶで　五かいぐらい
「おきなさい」
といわれるけど　おきれん
むりやり　ふとんから　出されて
つれていかれる
そしたら　ぼくは
ファンヒーターのまえで
だんご虫みたいに　うずくまる
「そんなところで　ねよったら
　もえるで」
おかあさんに　いわれても
やっぱり　おきれん

ふゆのあさは　さむくて　おきづらいですよね。おかあさんにいわれても　ずっとねていたいはるさんのきもちが　よくわかります。

てんごくで　いっぱいあるいてね

佐賀小一年　濵田　りく

おぼうさんが　おきょうをよんで
おわったら　かそうばにいきました。
一じかんぐらい　まちました。
おばあちゃんは　白いほねになりました。

おかあさんとおじいちゃんが　はさんで
白いつぼに　入れました。
そのあと　みんなで入れました。
ぼくは、一ばん大きい足のほねを
とりました。
入らなかったので　はしでおしました。
おばあちゃんは　大きかったのに
ほねになって
小っちゃいつぼに　入りました。

いきているときは　ねたきりだったから
てんごくで　いっぱいあるいてね。

おばあちゃんとの　おわかれの　おこつひろいのようすが　よくつたわってきます。りくさんのやさしさが　つまったしです。

かまきりが　たまごをうんでいた

大用小一年　神田ますみ

おとうさんが、
「トマトをとりにいこう。」
といって　はたけにいった。
トマトが　白い！
とおもったら
まるい　かまきりのたまごに、
いもむしが　くっついていた。
みどりの　いもむしかなあ
とおもったら、
かまきりが　たまごを　うんでいるのだった。
かまきりは、いもむしみたいに
おなかを　ぐにゃぐにゃさせていた。
ふつうは　おなかを下にしているのに、
たいようのほうにむけて　うんでいた。
たまごは　白くて、
シャンプーの　あわみたいだった。
おとうさんが、
「かまきりが　おどろくといけないので、
　ちかくにある　トマトは　とったらいけない。」
といった。
ぼくは、ちかくのトマトは
とりませんでした。

かまきりを　よく見ているなあ。すごいしゅんかんに　出あえた　おどろきが　つたわってきます。二人のやさしさもすてきです。

宿毛小四年　長尾　春弥

子犬がうまれた

下ノ加江小一年　藤澤ぜんいち

六月に　子犬がうまれた。
九ひきも　うまれた。
目をつぶって　耳のあなも　とじている。
犬のおっぱいは　八こしかない。
一こたりないから　とりあいになる。
山みたいにかさなって
おっぱいを　のんでいる。
のめない一ぴきは　下からもぐりこむ。
おかあさん犬のチャコが　立つと
子犬が　おっぱいをくわえて
ぶらさがっている。
すぐにおちても　チャコについていく。
そんなに　おっぱいがほしいんだな。
子犬を　一ぴきずつなでる。
けが　さらさらして　あたたかい。
子犬は　かわいいな。

おっぱいをのめない　子犬のようすが　よくわかります。子犬を見つめる　ぜんいちさんの目と　子犬をなでる手が　やさしいな。

大わらい

清水小一年　北代ひさき

おべんとうが　おわりました。

「たべました。」

というと、あき子先生が、

「ぴいたん、はやすぎです。」

といいました。

「かんでません。」

というと、

「ちゃんと　かんで　たべてください。」

といいました。

ぼくは、

「はが　ありません。」

といいました。

あき子先生が　大わらいしました。

ぼくも　わらいました。

ひさきさんと先生の　やりとりがおもしろくて　ほんとうに　大わらいしてしまいます。はがはえたら　ちゃんと　かんでたべてね。

玉ねぎ

高岡第二小一年　宗石　ゆら

おばちゃんと
玉ねぎのなえを　うえました。
くろいビニールに
ゆびで　あなをあけて
その土の中に　小さいあなをほりました。
ほそながい
小さな玉ねぎのなえを　一本ずつうえました。
こころの中で
あまい玉ねぎになあれ
おいしい玉ねぎになあれ
といいながら　そっとうえました。
土が　ふかふかしていて
ふとんのように　そっとかけました。
ぜんぶで　百本うえました。
足がいたくなったけど
はる
大きな玉ねぎができるのが
まちどおしいです。

別府小一年　岡村　優希

なえを一本ずつ　ねがいをこめて　うえたんだね。百本も　うえたなんて　すごい。あまいおいしい玉ねぎができそうです。

めずらしいたまご

伊与喜小一年　生駒ゆうき

きょうは、
めずらしいたまごを　見た
きょうりゅうの　たまごでも
ペンギンの　たまごでもない
たまごのしんちょうは、
そうたくんの　かおぐらい
おもさは、一・四キログラム
いろは、白
さわったら、つめたい
なんだ　このたまごは
先生が、
「これは、ダチョウのたまごです」
といった
ウッヒョー、びっくり
みんなで、きねんしゃしんをとった
みんなのくびが、
ダチョウみたいにのびていた

ゆうきさん　大きなたまごに　びっくりしたね。たまごを見たくて　たまらない　みんなのようすが　つたわってくる　しです。

おもい出いっぱい

江ノ口小一年　澁谷ななみ

入学してからのプリントを
ぜんぶせいりした
すごく　たくさんあったので
こくごとさんすうに　わけて
日にちじゅんに　ならべたら
名まえの字が
じょうずになっているように　おもった
ママが
「べんきょう　いっぱいしゆうね」
っていったので
うきうきした
ママは、プリントをぜんぶ
おもい出にとっておく
というけど
どんどんたまるから
どうしようって
わらっていたよ

プリントを　ちゃんとのこしてくれて　ななみさんは　だいじにされてるね。こまりながらも　ママもうれしそう。だいじにしてね。

いやなあ

加茂小一年　濱田ひかり

先生が、

「あしたは　学校は休みです。」

というた。

「ええ、パンの日やに。」

みんなも、

「ええ。」

というた。

あしたはクロワッサン。

ずうっとまえから、
まちよった。

みんなとあそべんき、
いややなあ。

ずこう　できん。

どうとく　できん。

たいふうのせいや。

たのしみにしていた　クロワッサンがたべられなくて　ざんねんだったね。パンも学校もぜんぶが　大すきなひかりさんですね。

四ほうちくの　かわはぎ

白木谷小一年　田中　ゆい

ガーガーと
きかいの音がした。
耳がいたくなった。
四ほうちくを　二本もった。
こわくなった。
きかいのあなに　入れると
すごいかぜが　ふいてきた。
すいこまれそうだった。
ドン
ちゃいろいかわがむけて
きみどりの　四ほうちくになった。
大きくて　ながいえんぴつみたいだ。

四ほうちくは　こうやって　できるんだね。ゆいさんのしをよんで　はじめて　しりました。えんぴつのたとえが　おもしろいね。

ママのたいいん

久礼田小一年　石元はなり

きょうは　ママがかえってくる日だ。
いそいで　いえにかえった。
「ただいま。」
へんじがないき、
いえの中をさがした。
どこにもおらん。
ずうっとさがした。
あきらめて　こたつに入った。
ふとんをあげると、
「わあ！」
といって　ママが出てきた。
あんまりびっくりして
おでこが　つくえにあたっちゃった。
いたかったけど　うれしかった。
一しゅうかんぶりの　ママのごはん
おいしかったよ。

野市東小二年　恒石　七香

ひさしぶりに　ママにあえる　うれしさいっぱいのしです。まさかこたつの中にかくれているなんて。ママのさくせん　大せいこう。

じぶんでは　こわかった

赤野小一年　谷岡しゅん

こうみんかんで、たこのえを　かいた。
ゆずはちゃんと　いっしょにした。
ぼくは、こわいおにのえを　かいた。
つのを二本　けんつにして、
口のきばを　二本つけた。
なみなみの　かみのけも　かいた。
さいごに、けんつになった目を　かいた。
あとから、しあげにきた　おかあさんが、
「すごい。こわそう。」
かんちょうさんも、
「びっくりした。こわすぎる。」
けど、ゆずはちゃんだけが、
「なんか、目がやさしいねえ。」
といった。
じぶんでは　こわかったのに、
へええっ　とおもうた。

佐川小四年　大野　雄真

けんつの目と　つのは　こわそうだなあ。じぶんでは　こわいおにと　おもっていたのにゆずはさんのことばには　びっくりしたね。

おとうと

利岡小一年　威能みさと

わたしのいえでは
おとうとが　わたしを
むぎゅうしてくれます
わたしが
おねえちゃんと　けんかをして
ないたら
おとうとが　たすけてくれて
むぎゅうとしてくれます
だいじょうぶって　いえないけど
たすけてくれるので
やさしいです
おとうさんは
テレビを見てるので
あそんでくれません
だっこしてくれません
おかあさんは
ごはんつくるのが　いそがしいので
だっこしてくれません
おねえちゃんは
しゅくだいが　いそがしいので
だっこしてくれません
おとうとが　ぎゅうしてくれます
わたしも
おとうとを
ぎゅうしてあげます

かぞくのみんなは　いそがしくて　ちょっとさびしいんだね。やさしいおとうとの　ぎゅうは　あったかくて　あんしんするね。

野市東小三年　志村　茉桜

赤ちゃんの音

佐川小一年　片岡おとは

ふじもと先生の　おなかが
大きくて　びっくり
ボールみたい
トクントクン
赤ちゃんの　心ぞうの音を
みんなできいたよ
生きていてよかった
ひろきくんの音は
ドックン　ドックン
赤ちゃんの音は　小さくて
お母さんの　おなかの中の
音やった
きっと　かわいい赤ちゃんが
生まれるだろうな
はやくあいたいな

ほんとうに　心ぞうの音をきいたので　赤ちゃんとひろきさんのちがいが　よくわかりましたね。いのちをみまもる　やさしいしです。

水やり

南小一年　森光　あん

あさがおに　お水をやった
いっぱいかけちゃった
ペットボトルに　たっぷり入れて
土にさしちゃった

休みじかんに見たら
水がへっちょった
先生、
はや、水のんじゅう
のど　かわいちょったがやね

あさがおに　いっぱい　水をやったんだね。すぐに　水がへっていた　おどろきが　あんさんのことばで　かけていて　いいなあ。

大野見中一年　下元　陽菜

もうすぐ　赤ちゃんが生まれる

高石小一年　山添はるき

いま、おかあさんのおなかに
赤ちゃんがいます。
びょういんで見たら
おちんちんが　なかったです。
たぶん　いもうとです。
一さいの　おとうとのみずきは
はや、おにいちゃんになります。
いもうとを　たたきそうで
しんぱいです。
ぼくは、おとうとに
おにいちゃんのしかたを
おしえてあげます。

江陽小二年　三倉由倭子

おにいちゃんの　しかたをおしえてあげるはるきさんが　とてもたのもしいです。ふたりのおにいちゃんとして　がんばってね。

それどころじゃない。

咸陽小一年　濵田あおい

ほうかご、先生が、
「きょうは、かりょくのおべんきょうで、
　プリントするよ。」
と、いった。
きょう、おとうさんが　かえってくる。
大きくて　おさかないっぱいつる　ふねから、
ひさしぶりに　おうちに　かえってくる。
わたしは、
（いややあ。のこらんとかえりたい）
とおもった。
先生が、さんすうプリントを　くばりだした。
わたしは、
先生に見つからんように　こっそりかえった。
（いまごろ、先生は、
　わたしをさがしているやろな）
とおもいながら、はしってかえった。
（先生、ごめんね。
　わたし、おとうさんにすごくあいたい）

あさから、わたしは、
「先生、きょう、おとうさんが
　かえってくるがで。」
と、なんかいも　いっていたのに。
「先生、わたしは、かりょくはせんよ。
　きょうは、それどころじゃない。」

山田小一年　山岡　香穂

あおいさんのきもちを　そのまま　かいていていいなあ。プリントどころじゃないよね。おとうさんに　はやく　あいたいよね。

ピカピカやん

越知小一年　山本ゆうや

ピカピカやん。
ほう石みたいやん。
先生、どうしてたべんが？
こんなにきれいやに。
どうしてすてるが？
おうちに　とってかえりたい。
ピカピカの　ビワのたね。

江陽小二年　田内　さと

すててしまう　たねを　きれいだなと　おもえる　ゆうやさんのきもちが　すてきです。ビワのたねは　もってかえったかな。

たいふう

椿原小一年　武正　じん

たいふうの日、
ぼくは、かぜを見た。
かぜが、すごくつよかったよ。
木が　ぐらぐらゆれていた。
はっぱが　とばされていた。
そとに出たら
ぼくも、とばされるかも。

かぜがやむと
はっぱが　とまった。
たいふうが
ちがうところにいってくれて　よかった。

かぜが　見えるなんて　すごい。じんさんが見たとおりに　みじかい文で　かいているから　かぜのようすが　よくわかります。

大きい目で　がんばった

米奥小一年　中平なるみ

きょう　おべんきょうをしていると、
つかれて　ねてしまいました。

おかあさんが、

「おきて　しゅくだいしいや。」

といってくれました。

けど　ねむたかったので、

「うんうん。」

といって　ねてしまいました。

かん字をしているとき、
すごくすごく　ねむたかったです。

おとうさんが、

「手に　えんぴつもったままで。」

といってくれました。

さいごの力を　だしきって
大きな目で　がんばりました。

一宮小四年　澤村　葵

ねむいけど　ひっしで目をあけて　がんばってるようすが　見えたよ。さいごまで　力をだしきって　えらかったね。

あたらしいじてん車

潮江南小一年　山下　なぎ

たんじょう日プレゼントに、
じてん車を　かってもらった。
きりかえが　ついていて、
とけいも見れる。
赤いろとぎんいろの　どろよけが、
ぴいんとついていて、かっこいい。
さっそく、のってみた。
きんちょうして、こけた。
もう一かい、のってみた。
すこしすすんだ。
うれしくなって、
しょうとくんの　いえのまえまで
いってみた。
ふらふらしたけど、
と中から、こぎやすくなった。
ベルも　ならしてみた。
チャリンと　かっこいい音がする。
あしたは、どこまで
のってみようかな。

どんぐり

小筑紫小一年　畑平あつき

どんぐりを　ひろいました。
花ちゃんと　ひろいました。
いっぱい　ひろいました。
ポケットが　いっぱいになりました。
みどりのどんぐりも　ひろいました。
いっぱいひろって、
いろんなところに　かくしました。
土のところにも、
どんぐりの　木のところにも
かくしました。
草を　しるしにして　おきました。
先生が、
「りすみたいやね。」
といいました。

泉野小二年　岡田　結菜

かさでん車

吾北小一年　横田　ゆい

スクールバスへ　いくとき
かさでん車をした。
かさの　えとえを　つなげた。
れいじくんが　せんとうで、
りょう手で　かさを　もった。
わたしと　おねえちゃんが　入って、
りょう手で　かさを　もった。
うしろで
なおちゃんと　ゆうりちゃんが、
かたいっぽうずつ　もった。
がたがたの　みちやった。
せまいみちも　とおった。
木と木のあいだも　とおった。
れいじくんが、
「きをつけてくださーい。」
といった。
木にひっかかって
こけそうになった。
草が　いっぱいやった。
ズボンが　ぬれた。

むきむきの　おとうさん

佐古小一年　森岡かつき

おとうさんは　つよいです。
けっこう　力こぶが　つよいです。
どうして　むきむきかというと、
じえいたい　だからです。
それだけではありません。
きたえているからです。
おとうさんの手に
さるみたいに　ぶらさがって
あそべます。

伊尾木小五年　乾　　晴人

まほうの　ピーチゼリー

田ノ口小一年　藤田りおん

きのう、くすりを　のむときに、
にがかったので、のめませんでした
なんかいも　くりかえしたけど、
のめませんでした
おこられたから　また　のんだけど、
ぜんぜん　のめませんでした
あしたも、のまなければいけません
つらいです

きょう、
くすりを　のめるように　なりました
そのしかけは、ピーチゼリーです
ピーチゼリーに
にがいくすりを　のせて、
のめるように　なりました
ピーチゼリーが　なくなると、
また　かってくれます
うれしいです

とつぜんの　ともだち

鏡小一年　カーンマヤ

とつぜん、かんたくんがきた
びっくりした
でも、うれしかった
わたしの　お気に入りの　山に
つれていってあげた
お気に入りの　山は、
くずれたところが　かいだんみたい
てっぺんに　いったら
山の中に　田んぼが　見える
木が、かざりみたいに　なってる
ひみつきちも　ある
かんたくんも
気に入って　くれたろうか

南郷小一年　東　　太陽

大こんもち

伊野南小一年　谷本ひなた

生かつかで　つくった
大こんもちを
おかあさんと　つくった
大こんが　かたかったので
おかあさんが　上をもって
ぼくが　下をもって
いっしょにすった
大こんのにおいが
ツーンとした
おもちは
ぐにゅぐにゅして
ねん土みたいだった
こむぎこを　つけて
パンパンして　まるめて　やいた
おもちの　こげる
おいしい　においがした
一ばんに　シェフこうくんに
たべてもらうと
「大こんのふうみと
　もちもちかんが　さいこうだね」
とほめてくれた

北原小四年　梅原　千晶

ちからこぶ

佐賀小一年　浜岡こころ

ちいと　ふろにはいった。
「ちい、きんにく見せて。」
といったら
「みせちゃろうかね。」
といって、うでを　ぐいっと　まげた。
すごい。
ぽこっと　ふくれた。
ふじさんみたいな　ちからこぶ。
ぼくも　やってみた。
ふんっと　力を　入れたけど
ちょっとも　ふくれん。
ちいが
「こころは
　まだまだ　こんまいねや。」
とわろうた。

大きくなったら
ちいみたいに　りょうしになって
ふじさんより　でかくなっちゃう。

おじいちゃんと　いっしょにねた

介良小一年　中内かおる

おじいちゃんちに、とまりにいった。
おじいちゃんは、
いつも、
ぼくより先に　ふとんに入る。
「ふとんを　あたためちょくき
　ねむたくなったら　こいよ。」
といって、
この日も先に、ねにいった。
すこししてから、
おふとんに　入りにいった。
ふとんに　もぐりこんだ。
手が　さむかった。
おじいちゃんのおなかに
手のひらを　くっつけた。
ポカポカして、あたたかくなった。
まるで、ゆたんぽみたいや。

さむさにまけない　ことばを　いおう

松田川小一年　北本みれい

かんちゃんといっしょに
たいいくかんへ　いったよ。
かんちゃんの　はが
ガタガタ　ふるえていたよ。
わたしの　はも
ガタガタ　ふるえたよ。
でも、もくひょうが
「さむさにまけない
　ことばを　いおう」
だから、
「さむくない。」
「あつい。」
といったよ。
そういうと
だんだん　さむくなくなったよ。
「かんちゃん、ふるえよる。」
といったら、かんちゃんが
はを　見せたよ。
わたしは、わらったよ。

香我美小五年　牧本　蒼汰

はが　てっぽう

中村小一年　福田ゆいと

コップにあたって　はが　ぬけた。
下のはが　一本。
かがみで　よく見ると
上のまえばが　二本
下のまえばが　一本　ぬけて
てっぽうの　かたちに　なってたよ。
うれしくなって　おかあさんに
「いーってしたら　てっぽうのかたち。」
って見せたら、
おかあさんが　わらったよ。
「いー。」
としたまま　水も　のめるよ。
とってもべんりだし
てっぽうの　かたちが　かっこいい。

伊与喜小一年　間﨑　亜美

夕ごはんの　おつかい

潮江東小一年　穗満ひなこ

なにを　かうのだったっけ?
おつかいに　きたのに、
かうものを　わすれた。
おうちに　かえって　きいた。
「おかあさん、
なにを　かってくるんだったあ。」
「おとうふよ。」
「はあい。」
もう一ど　スーパーへいった。
「わあ、なんしゅるいも　ある。」
また、おうちに　かえって　きいた。
「どのとうふを　かってきたらいい?」
「もめんよ。」
そして、スーパーにいって、
もめんどうふを　かった。
ものすごく　へとへとになった。
夕ごはんも　ちょっとおくれた。
夕ごはんは、すごくおいしかった。

けいさつかん

北原小一年　西森かずとし

ぼくの　しょうらいの　ゆめは、
けいさつかん。
どろぼうを　つかまえたいから。
そのために、
二つのことを　がんばっている。
一つ目は、
四こく一しゅうマラソン。
はん人より、
はよう　はしらないかんき。
二つ目は、
はっぴょう。
はん人に、
なんでいかんか　はなさないかんき。

ぼくも　なきそうやった

中央小一年　山田これとも

いもうとのうたは、二か月になった。
おかあさんが、かいものにいく日
ぼくは、うたと　おるすばんをした。
おかあさんが　いなくなると、
うたは、すぐに　なき出した。
ぼくは、すぐに　だっこした。
うたは、すぐ　なきやんだ。
でも、おかあさんが、
なかなか　かえってこないので
また、うたが　なきだした。
ぼくは、またすぐに　だっこした。
うたは、なきやんだ。
ぼくが、つかれて　すわると
また、なきだした。
ぼくは、すぐ　だっこした。
そうとう　つかれた。
それでも、
おかあさんは　かえってこない。
うたは、いっぱいいっぱい　ないた。
おかあさん、
「早く　かえってきて」
とおもった。

うたが、いっぱい　なくので、
ぼくも　なきそうやった。
やっと　おかあさんが　かえってきた。
ぼくは、なかずにすんだ。

大月小二年　冨田　偲温

本よみめい人

神田小一年　宮本　はな

きょう　こくごのおべんきょうで
ことばあそびうたを　よみました。
「もこもこ　さといも、
ほこほこ　さつまいも。」
って大きなこえで　よみました。
力をこめて　よみました。
口に　力を入れて　よみました。
よんだら先生が、
「はなちゃんじょうず。
マスクをとびこえて　きこえてきた。」
といいました。
みんなにも　ほめられました。
ほめられて
とってもうれしかったです。
だから、
もっと　口に　力を入れて　よみました。
すごく　じょうずになった
きもちがしました。
本よみめい人に　なりました。
これからも　本よみを　がんばります。

ふゆ見つけ

安芸第一小一年　川村ゆうと

ふゆ見つけの　しゅくだいが　出ました。
おばあちゃんちの
めだかのいけが　こおるき
それを　見つけに　いったけど、
こおっていませんでした。
ちかくのはたけを　見たら、
草のはっぱの上に　しもがあって、
うっすら　白くなっていました。
はたけの　まん中にいくと、
こんどは、しもばしらがありました。
上にのると、シャリシャリと
小さい音が　きこえてきました。
そうこへいくと、
大こんと　いろんなやさいが、
いっぱいありました。
やまぶきいろの　マットみたいに
みかんも　たくさんありました。
おばあちゃんの　うちのまわりには、
ふゆが　いっぱいありました。

車の　てんけん

大津小一年　藤本こうせい

先生が
あたらしい車で　学校にきた
休みじかん
ぼくは　こうめいくんと
車に　おかしいところが　ないか
てんけんした
じゆうちょうに
「10月８日（水）
　へこみ　まえ0こ
　　　　よこ右0こ
　　　　左0こ
　　　　うしろ0こ
　パンク　0こ
　ひび　0こ　いじょうなし」
とかいて　やぶってあげた
先生から
「てんけん　ありがとうございます
　車には、
　あぶないので　ちかよらないよ」
と、おれいカードがきた

だいじょうぶで
ぼくら
とおくから見て、
てんけんしたがやき！

清水小三年　浜田　緋那

もちつき

野市東小一年　川野りゅうせい

「もち、ついてみたい人。」
せいねんぶの　おじちゃんがいった。
ぼくは、まっさきに　手をあげた。
きねをもつと　おもかった。
あいのてを　してくれる
おじちゃんの手を
たたきそうに　なりながら
力いっぱい　もちを　ついた。
「なかなか　じょうずじょうず。」
おじちゃんに　いわれて、
よけい　力が入った。
つきたての　やわらかいおもちは
とっても　おいしくて、
ぼくは　七こも　たべた。

楠目小四年　森岡　優太

あせが　出たよ

行川小一年　市原　めい

休みじかん、
あそばず　一りん車をしました。
ひかるくんが、
たいいくかんのたてが
ぜんぶいきました。
わたしは、こころの中で
（おめでとう）
といい　口で、
「よかったね。」
といいました。
たけしくんは、
ふんばっている　かおを
していました。
ひかるくんに　まけないぞ
と、いうきもちが
つたわってきました。
わたしは、
わたしだって　まけないぞ
とおもいました。
そして、
いっぱい　れんしゅうしました。
たいいくかんを　出ると、
あせが　いっぱい　出ていました。

見たかった

幡陽小一年　西村ゆいな

「千とちひろの　テレビがあるけん
　はよ、おふろ　入らないかんで。」
と、おかあさんがいった。
わたしは、
いそいで　おふろに入った。
すると、おとうさんが、
「ベッドいって　見り。」
といった。
おねえちゃんが　上のベッドで
わたしが　下のベッドに
ねころがった。
コマーシャルを見ながら
まっていた。
気がついたら　あさだった。
あああ、ざんねん。

貝

元小一年　竹中だいすけ

水そうに　あたらしい貝が
入っていた。
目は　カタツムリみたい
ながくのびる　二つの目が
くっついたり　はなれたりする
あるくと　目が　ちょっとうごく
足は　カメみたい
まえへまえへと　すすんでいく
貝の目と　足がうごいて　ふしぎ
「先生、とけいのながいはりが
　6と7のあいだにきたら、
　また　見にこようね」

二十かい　とべたよ

楠目小一年　笹岡ももは

「こつは、足を　上げて、
　わきを　しめて。」
おかあさんが　おしえてくれました。
はじめは
一かいしかできなかった　なわとび。
れんしゅうしていたら、
きゅうに　とべるようになって、
びっくり。
二十かいも
できるようになりました。
「すごいね。」
と、おかあさんが
いってくれました。
とても　うれしかったです。
みんなに、
とんでいるのを　見せたいな。
こんどは、
うしろとびの　れんしゅう
がんばるよ。

新居小六年　松岡　未玖

ぼく、せいちょうしたで

山田小一年　宗石なおき

たいいくで、ドッジボールをした。
ぼくは、たいいくが　すきだから
つよくなりたい。
あてたい。
こうたくんのボールを　うけたい。
ゲームが　はじまった。
きょうは　いつもより
ボールが　おそく見える。
足のところにきた　ボールも
いつもやったら　にげるけど
ぎりぎりで　とった。
なんかいも　うけることができた。
「よかった。」
まえよりか
キャッチできるようになった。

安芸第一小四年　小松　倭慎

はよう　あいたい

十市小一年　百田あかり

「あかちゃんが　できたで。」
おかあさんが　あかりにいった。
いっしょに　おふろに入ったら、
おかあさんの　おなかが
ぷくっと　ふくらんじょった。
あかりが　おなかをさわったら、
ピクッとした。
おかあさんが、
そっと　おなかをなでた。
おかあさんのかおが、
やさしくなった。
どんな　あかちゃんやろう。
はよう　あいたい。

ごうかな　いちごのケーキ

旭東小一年　髙橋そうま

いちごのケーキを　たべた。
いちごは、あまずっぱかった。
ぼくと、おとうとの　口のまわりが、
生クリームが　ついて、
おじいさんみたいに　なった。
でも　ふわふわして、気もちよかった。
ぼくは、口のまわりを　なめた。
おとうとも　なめた。
ふたりで、かおを　見あわせて、
「おいしいね。」
といった。
いっぱいたべた。
いちごのケーキは、
とにかく　ごうかだった。
また、たべたいなあ。

大川小四年　西原ほのか

百というかん字

神谷小一年　市川りょうた

百というかん字を　ならったときに
ぼくが　先生に
「百というかん字を　よこにしたら、
すう字の100に　なりますよ。」
といいました。
先生が
「ほんまや。
ぜんぜん　気づかんかった。」
といいました。
「ええ、でも先生が
まえに　いったんですよ。」
と、ぼくがいうと
「ほんと？いうたっけ？」
と、びっくりしていました。
先生、じぶんでいうたのに
わすれたらいかんで。

むささびが　うちにきた

池川小一年　片岡さとる

かわいいむささびが　きた。
車この　木のすきまに　きた。
パパといっしょに　見た。
ふわふわして、気もちよさそう。
さわりたい。
でも、ちかよれなかった。
よる、
山へ　たべものをさがしにいく。
かおは、ねこみたい。
しっぽは、ながくて
手と足のあいだに　はねがある。
だから、じょうずにとべる。
パパが　パンをあげた。
たべなかった。
むささびは、なにがすきかな。
もっと　しりたい。
なかまのむささびも　きてほしい。

おてつだい

川口小一年　谷淵かんた

ぼくは、おかあさんと
ばんごはんを　つくりました。
おかあさんが
「にんじんと　はくさいを
　きってくれる。」
といったので
「いいよ。」
じぶんの　ほうちょうで
にんじんと　はくさいをきりました。
ほうちょうは
もつところが　みどりです。
おかあさんが　かってくれた
ほうちょうです。
はじめて　つかいます。
にんじんも、はくさいも
ざくざく　きれました。
できあがったら　おかあさんは
「ありがとう。」
といいました。
また、したいなと　おもいました。

左足で　一てん

横浜新町小一年　宗光あすか

土よう日、
サッカーのしあいに出たよ。
パスを　もらって、一かいけった。
それで　左足に　力を入れて、
ゴールにけった。
「ピー。」
一てんをきめた。
ぼくは、こころの中で
（よっしゃー）
とおもうた。
コーチが　ほめてくれた。
左足が　あってよかった。
左足さん　ありがとう。
またこんども、ゴールをきめてよ。

新荘小四年　横山　拓斗

はやねを　めざす

川登小一年　福田たみえ

ほけんちょうかいがあった。
ぐっすりすいみんの
かみしばいだった。
たいないどけいの　おはなしもあった。
よる
おそくおきていたら　いかんが。
よる十一じには
だいじなホルモンが　出る。
たいないどけいが
くるったら　たいへん。
わたしは
あたまで
いろいろ　そうぞうしながら　見た。
くるったら　もどらないのかなあ。
七じに　ねたいなあ。

こうちょう先生　はたらくなあ

中筋小一年　岡本ほのか

こうちょう先生に
すいかを　もらった。
おいしかった。
それを　にっきに　かいた。
「こうちょう先生は、
　はたらくなあ。」
とかいた。
そしたら　こうちょう先生が
赤ぺんで、
「みんな、きれいに　たべてたね。」
「はたらいて　よかった。」
と　かいてくれていた。
わたしは、うれしかった。
こうちょう先生　ありがとう。

しんぶんを　見せた

南郷小一年　高橋めいり

いえに　かえって　おかあさんに、

「おかあさん、しんぶんに　出たよ。」

といった。

「見せて、見せて。」

といって、びっくりしていた。

おとうさんに　はなした。

おとうさんも、

「めいり、すごいね。」

といった。

もっともっと　うれしかった。

おじいちゃんに、

「しんぶんに　出たで。」

といったら、びっくりして、

「めいり、また　しんぶんに　出たら、
　よんじゃうけん。」

といった。

ほんとうに　すごく　うれしかった。

あおばずく

葉山小一年　中井ここな

せんだんの木に
あおばずくを　見つけたよ。
目が、まるかった。
下をむいて、
くびを　ぴょこぴょこ
うごかしていた。
わたしと　目があって
びっくりしたよ。

栲原小三年　高橋　零雅

むてきの三人組

野市東小二年　市川けいた

たくみくんとかれんちゃんとあそんだ。
だんをつくった。
ぼくがだんちょうで
ふくだんちょうがかれんちゃんで
ふくふくだんちょうがたくみくん。
きめぜりふは
「おれたちむてきの三人組。
　グレートだん。」
こうえんでとっくんをした。
てつぼうでさか上がりをした。
こうえんの中をなんども走った。
すべりだいのかいだんをのぼってから、
ジャンプしておりた。

五時のサイレンがなったき、
今日はもうかいさんだ。
さいごにきめぜりふをいった。
「おれたちむてきの三人組。
　グレートだん。」
三人がすきなポーズをきめた。
みんなゲラゲラわらいよった。
ぼくも
ひっくりかえってわらいよった。
ただ今、
だんいんぼしゅう中。

香長小三年　時久　心

だい名やリズムのよい書きぶりから、元気いっぱいの三人組がうかんできます。楽しそうなグレートだんに入ってみたいです。

あおいくんがおちた

蓮池小二年　尾﨑けいしょう

朝、学校へ行きよったら
じけんがおきた
あおいくんがランドセルをせおったまま
みぞにおちた
びっくりした
水とうがながれて行った
ぼくは水とうをとった
二人でだまって学校に行った
あおいくんに何て言おうか考えよった
あおいくんは
「おちた」
と言った
あおいくんから
水がぽたぽたおちていた

戸波小四年　山﨑　杏純

みぞに落ちたあおいさんを心配して、どうはげまそうか考えているやさしいけいしょうさん。そばにいてくれてきっと安心しているよ。

つららチャイム

長沢小二年　藤田みゆか

あれっ。
きのうより、つららが長くてふえている。
おった場しょに、またつららがのびている。
ここにならんでいるつららは、
音楽室にある、ツリーチャイムみたいだ。
もっていたかさの先で、たたいてみた。
ツリーチャイムの音とちがうけど
つららチャイムだ。

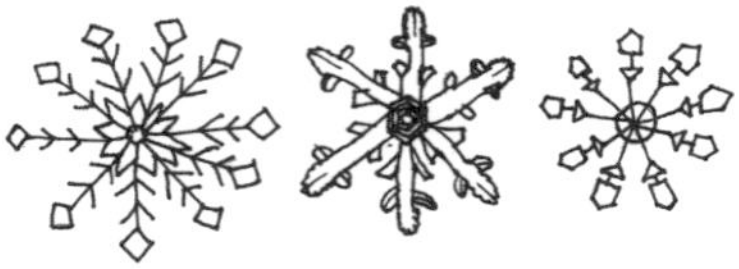

長沢小五年　増井　咲良

つららチャイムということばがすてきです。そこにすんでいるみゆかさんしか書けない大発見。チャイムの音、聞いてみたいなあ。

うれしいお茶会

小筑紫小二年　福井かりん

「今からお茶会をはじめます。」
いのりくんが言いました。
みんなで後ろで丸くなってすわりました。
水とうのお茶でかんぱいしました。
お茶をおさけがわりにして
のみ会をしました。
いのりくんたちがコントをしました。
ものまねや歌を歌いました。
カラオケみたいでした。
のんちゃんとダメよーダメダメをしました。
みんなえ顔でした。
わらい声がいっぱい聞こえました。
今日は、うれしい日やな。

みんなでかんぱいして、気もちよさそうですね。コントにカラオケ、え顔いっぱいのお茶会のようすが生き生きとつたわってきます。

おにぎり

吾北小二年　高橋ゆうり

手を水でぬらしました。
しおを人さしゆびでとりました。
手のひらにのせてこすり合わせました。
ごはんを手のひらいっぱいのせました。
ぎゅっ、ぎゅっ、ぎゅっと丸めました。
しょうじのわらった顔を作ろう。
ほっぺたと口は、ハム。
目は、チーズとのり。
かみの毛ものり。
しょうじがわらった顔ができました。
しょうじ、よろこぶかなあ。
べんとうばこに、そっと入れました。

吾北小二年　高橋　悠理

家ぞく思いのゆうりさんが、心をこめて作ったえ顔のおにぎり。食べてしまうのがもったいないくらい、やさしさがあふれていますね。

天才あきのりくん

介良潮見台小二年　田原まさひろ

あきのりくんは
いけめんだし　かわいいし
おもしろいから
みんなが
ぎちょうにしています。
あきのりくんは
七時四十五分にかならず来ます。
あきのりくんより早く来たのは
二回しかありません。
かみがじゃがいもににていて
おいしそうです。
男子にも女子にも人気で
あきのりくんは
天才中の天才です。

潮江南小二年　冨田　陽平

あきのりさんのことを大すきな気もちが、つたわってきました。こんなにいいところを見つけられるまさひろさんも、天才だね。

校長先生は足がはやい

江陽小二年　谷こうせい

うんどう会で、
かりものきょうそうがありました。
六年生の男の子が
校長先生といっしょに走るカードを
引きました。
校長先生は、男の子の手をひっぱりながら、
「はやく走れえ。」
と、めっちゃ大きい声で言いながら、
走っていました。
ぼくは、
「がんばれえ。」
と言いました。
六年の男の子は、さいごまで
校長先生にひっぱられていました。
校長先生は一位でした。

六年生をさいごまでひっぱってゴールするなんて、とても元気な校長先生。こうせいさんのおうえんも、きっと力になっていますよ。

春野西小一年　岡﨑　歩

よかった

一宮小二年　森　ひびき

朝学校に、ついたとき
もう、
はるとくんが来ていました。
ぼくは、
はるとくんに、しがみついて、
「おはよう。」
と言って、はるとくんも、
「おはよう。」
と、元気いっぱい言ってくれました。
ぼくは、
はるとくんに一つだいじなことを、
言うのをわすれていました。
それは、
ぐあいはだいじょうぶかです。
はるとくんは、
インフルエンザで、
五日も休んでいました。

ぼくははるとくんに、

「ぐあいはだいじょうぶ。」

と聞きました。

はるとくんは、

「うん。」

と言ってくれました。

なによりよかったです。

はるとくんが来てくれて、
ものすごくうれしいです。

大篠小六年　山﨑　愛斗

はるとさんが学校に来るのをずっとまちかねていたから、声をかける前にしがみついたのですね。とってもなかよしの二人ですね。

雨のはく手

吾桑小二年　梅原　ゆう

ゆづきちゃんとひびきくんが
けんかしました。

先生と教室でお話をしました。

ひびきくんが、

「ごめんね。」

と言ったら、ゆづきちゃんは、

「いいよ。わたしもごめんね。」

と言ってなかなおりしました。

その時、外から
パチパチパチパチ
と、はく手が聞こえました。

雨が石にあたった音でした。

なおきくんが、

「雨がはく手してくれた。」

と言いました。

「ほんとやね。」

と、先生が言って
みんなではく手をしました。


二人を見守るゆうさんはやさしいですね。雨も二人をおうえんしているようです。教室中にあたたかいはく手がひびいたことでしょう。

はじめてのちちしぼり

大島小二年　島村みそら

はじめてちちしぼりをした。
人さし指と親指でおちちをつかんだ。
中指、
くすり指、
小指とだんだんにぎっていった。
おちちがピューととんだ。
手のひらに当たってとんだ。
おちちはあたたかかった。
はじめてさわった牛のおちち
ふわふわでやわらかかった。
ずっとさわっていたかった。

すてきな体けんだったね。牛のおちちをしぼるようすや手でさわったかんじがよくかけています。楽しかったことでしょう。

大津小一年　池本　琉花

しょう来のゆめ

平田小二年　曽我　ねお

ぼくの、しょう来のゆめは、
パイロットです。
大ぜいの人をのせた、
ジャンボジェットをそうじゅうしたいです。
そのついでに、お母さんを
イタリアのローマに
つれていっちゃりたいです。
たとえ、ひこうきじこがあっても、
全いんを空こうまでぶじにおくりたいです。
かならず、家ぞくのもとへかえします。
ぜったいになりたいです。
お母さんのりょう金は、百円です。
かんさい空こうからとび立ちたいです。
先生も、のせてあげますよ。

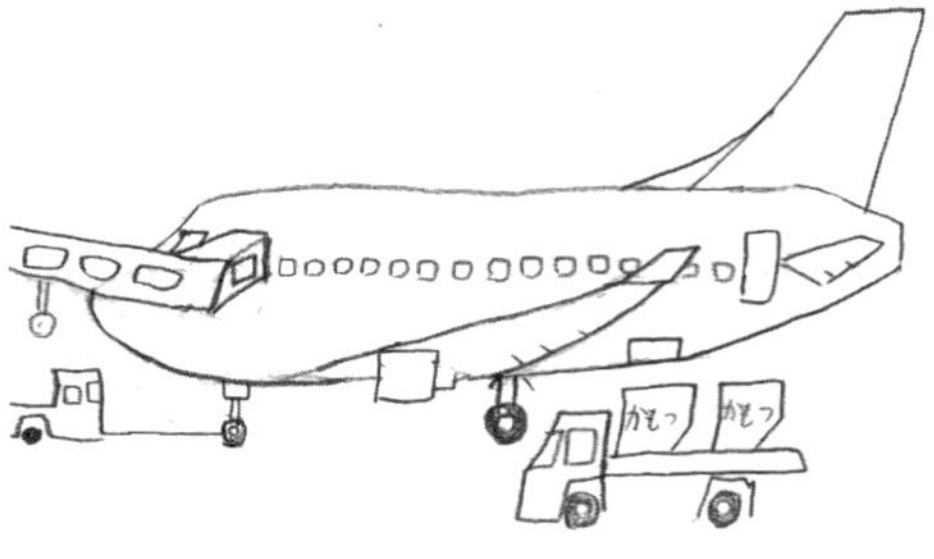

佐川小五年　山本　渉太

ねおさんは、きっとりっぱなパイロットになれるでしょう。ねおさんがそうじゅうするひこうきにのれるお母さん、しあわせですね。

田んぼがつかった

利岡小二年　田中そうのすけ

この間、
台風十一号が来た
ゴゴゴゴオと
家が鳴りひびいた
こわかった
少しゆれた
家を出ると、
木が根っこごとたおれていた
田んぼがつかっていた
ぼくは、だまってぽかんと口を開けていた
山のてっぺんの木がたおれていた
葉っぱがなくなっていた
太陽がなくて、
ただ雨がふっていた
空は雲でおおわれていて、
青空が見えなかった
こんなことははじめて
少しふるえた
こわかった

吾北小四年　川村　竜世

きょ年の夏は、よく雨がふりました。そのときのようすをしっかり見て書けています。しぜんのおそろしさがつたわってきました。

お兄ちゃんがかえってきた

三崎小二年　山本しゅんすけ

ぼくが、

「お兄ちゃん、よくかえってきてくれた。」

と言うと、
ばあちゃんにせんこうをたいてから、
だっこをしてくれた。

お母さんが、

「今日、だれとおふろに入るがあ。」

と言ったので、

「お兄ちゃんと入る。」

と言った。

お兄ちゃんの方を見ると、

「いいよ。」

と言った。

ぼくは、よっしゃあと手をあげた。

おふろの中で
「明日、何する。」

と言うと、お兄ちゃんが、

「しゅんとあそぶ。」

と言った。

ぼくは、また、うれしかった。


家ぞくを大切にするお兄さんや、そのお兄さんが大すきなしゅんすけさんの気もちがつたわってきました。心があたたかくなります。

松田川小三年　岡松胡乃華

先生といっしょにねた

潮江小二年　矢野きひろ

先生のかたをたたいた。
「ちょー、気もちいい。」
と何回も言った。
「ねむくなった。」
と言って、教室のゆかにごろっとねた。
手をひろげて目をとじて、
にっこりわらってねていた。
先生がいいなとおもって、
ぼくもいっしょにねた。
気もちよかった。
あきとくんが、
ジャンパーをかけてくれた。
もっと気もちよくなった。

きひろさんのたたき方がとっても気もちよかったのでしょう。先生と二人でゆかによこになるなんてめったにできないこと。いいなあ。

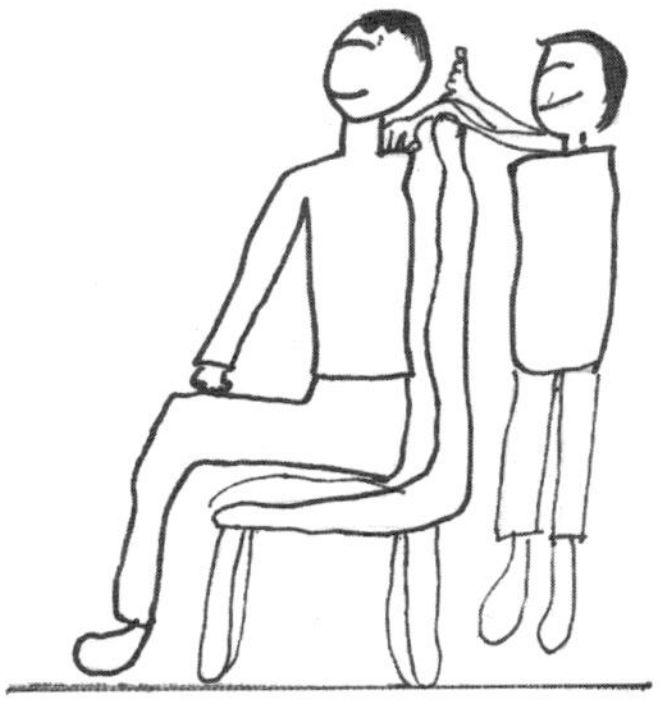

介良小一年　日向　成美

ブランコ　ビュービュー

鏡小二年　平田ななみ

はっぴょうのときみたいに
ピーンと
足をまっすぐにした
後ろにいくとき
おさるさんみたいに
まるくした
三十回こいだら
風がすごくあたってきた
おばけやしきで
ドアがしまるときぐらい
どきどきした
木にあたったけれど
空にとどいたみたいで
いっぱいこいだ

いろいろなたとえ方が上手で、ブランコをこいでいるようすがよく分かります。こんなふうにこいだら、とても気もちいいでしょうね。

いたどり

高岡第二小二年　石元とうや

おばあちゃんとスーパーへ行った帰り、
いたどりを三本とった。
道のふちっこに、すくっと生えちょった。
毛虫がいっぱいおったけど、
ぼくがひっぱってぬいたらのいたよ。
おばあちゃんに教えてもらって、
かわをむいて、しおをつけて食べた。
いたどりは、すっぱくて、
ざっそうのあじがしたよ。

おばあちゃんから教えてもらって食べたいたどり。ふしぎなあじですね。高知にむかしからつたわるしぜんのめぐみに出合えましたね。

にわとりのこうげき

中央小二年　玉川たつひろ

バサッ、バサッ
たまごをとりよったら、
先生がこうげきされた。
にわとりが、
すごいジャンプして
先生の足をつついた。
はねから白い毛が出るばあ
おこっちょった。
先生が、
「いたい！」
言うてにげてきた。
ぼくもびびくった。
「先生が、たまごとるきよ。」
言うたら、
「たまごがくさっちょうけん、
のけちゃろうと思うたがよ。」
いうて言うた。

ひよこがおるき、
おこったがやろうか。
先生、
明日から、えさやるがが
こわくなったやいか。

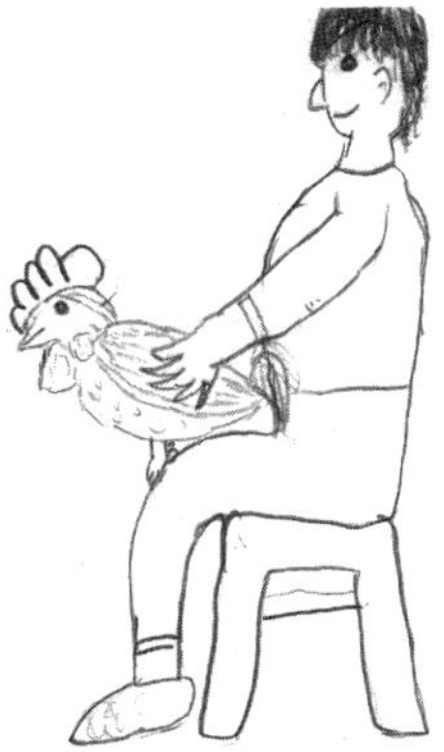

潮江東小五年　畠山　昴芽

おこったにわとりははく力まん点ですね。たまごをまもろうとひっしだったのでしょう。ゆう気を出してえさやりできたかな。

丸をつけてもらった

具同小二年　今城みさき

算数のれんしゅうもんだいをした。
ノートに書いたあと、
教科書にも書いた。
まちがってもいいやと思って
ちょうせんした。
みんな教科書の方でなおしが多かった。
先生が丸をつけてくれたとき
なわとびをとんだみたいに
シュシュッといった。
ぜんぶ合ってできた。
「おたすけ。」
と言われた。
先生みたいでうれしかった。
「車に三人、五台分だったら？
　三人が五台分で。」
と教えてあげた。
さらちゃんにシュッと
丸をつけてあげた。

十津小二年　西岡　美文

まちがいをおそれずもんだいにちょうせん。おたすけになっても分かりやすくみんなに教えているみさきさん、たよりになるなあ。

ひみつきち

久礼小二年　池田ゆうき

家のうら山に
家っぽいひみつきちを作りました。
木で作りました。
トンカチがあったので、
くぎをもって来て、
うちました。
今日、草かりをします。
まだゆかをしいてはいないので、
草がぼうぼうです。
それに、まだドアをつけていません。
今日、ドアも作ります。
一人で作ってみせます。

田野々小三年　光井　永遠

くぎをうつところが本かくてき。自分だけのひみつきちを作るなんて、とてもわくわくしますね。すてきなきちができたかな。

水かめ

横内小二年　伊藤さくらこ

水ぞくかんに行った。

かめにえさをやろうとしたら、

「かむ力が強いです。

　お子さまは気をつけてください。」

と書いていた。

「お母さんやって。」

と言ったら、

「こわいきやめちょく。」

と言った。

お母さんが、

「お父さん、やって、やって。」

と言った。

お父さんは、
上からぼうみたいなものをかめの口に入れた。

かめは、ガチッとかんで、ガチガチ食べた。

「おー、こわかった。」

お父さんの声がちょびっとふるえていた。

大篠小六年　岡﨑　将貴

かめのはく力にどきっとしました。ちょっとこわくても、かぞくのためにちょうせんしたお父さんは、やっぱりたよりになりますね。

ねてしもうた

中村南小二年　辻　ほのか

お父さんとお母さんがおそばんだ。
大野見のおばあちゃんが来てくれた。
おばあちゃんと夕食を食べた。
九時になったので、ゆうやとねることにした。
おばあちゃんが、わたしの耳もとで、
「ゆうやがねたら、おきてきいや。」
と小さい声でしずかに言った。
思わず、
「よっしゃー！」
と大きな声で言った。
すぐに、ゆうやとふとんに入った。
ゆうやがねたら、おきようと思った。
おばあちゃんとゆっくり話をしようと思った。
ゆうやのおなかをとんとんたたいていたら、
わたしもすっかりねてしもうた。
ああ、ざんねん。

ゆうやさんとのそいねでねこんでしまい、おばあちゃんとゆっくりできなくてざんねん。でも、たよりになるおねえさんです。えらい。

おふろ

佐喜浜小二年　寺内たかひさ

ぼくはおふろに一人で入りました。
もぐってみると、
プールでもぐっているみたいでした。
はらっぱでのんびりしているみたいで
気もちがいいです。
ふわりんふわりんと
音がしていました。
もぐるのをやめてうかびました。
ゆげが雲にへんしんしました。
雲は鳥の形に見えたし、
くじらにも見えました。
もしかしたら、犬にも見えるかもしれません。
一人で入るおふろは、
気もちいいです。

おふろでもぐったり、うかんだりしてとっても気もちよさそう。いろいろなことをそうぞうできるおふろ、入りたくなりました。

ギンヤンマのヤゴ

東又小二年　島岡しゅうへい

杉村先生が、
ギンヤンマのヤゴを
つかまえてくれた。

けど冬に羽化するかもしれん。
冬ヤンマになりそうで心配。

メダカをやったら、
あごの大きなきばが
ぐわっとのびて、
メダカのはらにささった。

ぼくは、
「どうかりっぱなギンヤンマに
なってよ。」
「メダカのいのちを
もろうちゅうきね。」
そう声かけた。

東又小二年　川上　十輝

メダカのいのちをもらいそだつギンヤンマ。
りっぱなせい虫になるようおうえんしている
しゅうへいさんのねがいがかないますように。

校長先生、おたん生日おめでとう

田野々小二年　川上しょうや

しいくんが、

「校長先生たん生日やったがやって。」

と言った。

ぼくは、おいわいのプレゼントを
あげようと思った。

校長先生のわらった絵をかいた。

色えんぴつで色もぬった。

校長先生に
「おめでとう。」

と、言ってわたした。

校長先生は、

「ありがとう。」

と、言ってよろこんでくれた。

少しして、校長先生が教室に来た。
「しょうやくんおねがいがある。」
ぼくは何かと思った。
「かみの毛
　もうちょっとかきたしてや。」
と、校長先生が言った。
「いいよ。おたん生日やき。」
と言ってかいた。
校長先生は
大よろこびで帰って行った。
校長先生、おたん生日おめでとう。

長浜小三年　山本　伊織

こんどは女の子がいいな

加茂小二年　小田あきと

お母さんのおなかに、
赤ちゃんがおる。
ぼくはねぞうがわるいから
お母さんのおなかを
けとばさんように、
はんたいをむいてねた。
お母さんのおなかは、
スイカ二こ分の大きさだ。
さわらしてもらったら、
なんかふくらんだり、
ちぢんだりした。
おなかをけりまくっていた。
ぼくの手に、
赤ちゃんの足があたった。
はげしくけってきた。
三人目も男かなあ。

じゃんけん、グー

幡陽小二年　岡林たかあき

ぼくは、学校へむかって
ぐんぐん走った。
それに立ちはだかるのは、
じゃんけんおじさん。
でも、らくしょう。
それは、じゃんけんおじさんの
じゃく点を知っているから。
それは、いつもチョキを出すこと。
ときどきパーも出すけど。

今日も、いつもの場しょで、
じゃんけんおじさんに会った。
「じゃんけんぽん。」
ぼくは、グーを出した。
やったあ、
一ぱつでかった。

ぼくのはつもうで

一ッ橋小二年　大和ゆうや

みきちゃんと自てん車で
はつもうでに行った。
さいしょに行ったところは、
町たんけんで行ったじん社だった。
ぼくは、おみくじを引いた。
すると、
何も書かれていないと思ったけど、
よく見てみると大きちが出た。
ぼくは、すごくうれしかった。
その後、
もう一つのじん社に行った。
車も人もいっぱいだった。
帰りに雪がふっていて、
風もビュービューふいていた。
がまんして帰りよったけど、
あまりにもさむくて、
とうとうないてしまった。
家につくと、手がまっかっかだった。

伊野南小四年　津野　仁美

お母さんのプレゼント

別府小二年　堀田　みゆ

もうすぐで、
お母さんのおたん生日だったから、
きょうだいで、お母さんに
プレゼントを買うことにした。
ワインをえらんだ。
みんなでお金を出しあって
レジに行った。
だけどむりだった。
大人の人がついてないとだめだった。
けっきょく
お母さんにお金をわたした。
お母さんに、
プレゼントがばれてショックだった。
だけどおいしそうにのんでいた。
うれしかった。

三里小四年　田副　寿々

つけまつげ

大野見小二年　金子はるか

一月十八日に
お母さんが
つけまつげをつけました。
お母さんが、
「かわいくなっちゅうろ。」
と聞いてきました。
わたしは、
あんまりかわってないような
気がしたけど、
「目が大きゅうなっちゅうで。」
と言いました。
お母さんは、
「ささおかしょうの
　ひょうしょうしきにつけていくが。」
と言いました。
ふだんはつけないのに。
お母さんは、
気合が入っています。

ちゅうしゃがこわい

第四小二年　松下ななか

きのう、インフルエンザの
よぼうせっしゅをしました。
ちゅうしゃきを見たとき、
すごくこわくなってなきました。
「ちょっとまって。」
と言いました。
「いつまでまつが。」
と、先生に言われました。
ばあばとかんごふさんに、
りょううでとりょう足を
おさえられました。
ささされそうになって、
にげたかったけど、
ばあばがこわい顔で見てたので
にげれませんでした。
（どうせやられる）
と、思ってあきらめると
すぐおわりました。
（はあ、やっとおわった）
さいしょから
なかんかったらよかったです。

ゆずしぼり

おおとよ小二年　下村かずき

家に帰ったら、お父さんが
「ゆず見に行こう。」
と言った。
ハウスへむかった。
そこに明かりがついちょった。
入るとばあちゃんが、
ゆずをよりよった。
ぼくは、
たらいに入ったゆずをしぼった。
手ぶくろをしていなかったき、
しるがついた。
手がきちゃきちゃした。
ばあちゃんが、
「手ぶくろかしちゃろ。」
とかしてくれた。
ずっとしぼりつづけた。
かわを三回ふてた。
ついでに九九も言った。

せいちょうしゆうがや

椿原小二年　川上たくま

さいきん、
先生におこられるのが
少なくなった。
お母さんに、
「なんでやろう。」
ときいたら、
「ちゃんと、やらないかんことが
　できゆうきよ。」
と言った。
そうか、
学校から帰ったら
すぐ、しゅくだいしゆうし。
じゅぎょう中もやること、
さっさとやりゆうし。
ぼくも
せいちょうしゆうがや。

カモとあいさつした

高石小二年　森岡せいしょう

お母さんが、
「今日は自分でこうひつに行って。」
と言ったので、
自てん車で行くことにしました。
こぎはじめて風がふいてきました。
右からヒューヒューふいてきて
ぼくは、くらくらしました。
はしのところで、下の川を見ると
すーすーなみがたっていました。
はしのむこうを見ると
黒いカモがおよいでいました。
カモが、
グワア
と、こっちをむいて言ったので、
ぼくも
グワア
と言いました。
「こんにちは。」
と言ってくれたのかなと思ったよ。

波介小三年　中村　柾木

切られちゃった

潮江南小二年　北岡よしひろ

ぼくがのんびりゲームをしていたら、
おかあさんに
「もうやめや。」
と言われた。
すぐに、やめられなかった。
ぼくが、
「今いいところやのに。」
と言うと、
おかあさんが
「さもないと、じゅうでんき切るよ。」
と言った。
ぼくは、
「いいよ。」
と言ってしまった。
チョキ
ほんとうに
はさみで切られてしまった。
ぼくはなみだが出た。
ぼくは今すぐ、おかあさんに
「ごめん。」
と言いたい。

たんじょう日

南小二年　中畠しょう

ぼくは、
お母さんがたんじょう日のとき
本もののケーキはわたせないので
絵のケーキをわたしました。
チョコレートケーキを
かいてあげました。
三十四才なので、
ろうそくも三十四本かきました。
お母さんは、うれしそうでした。
「ありがとう。」
と言ってくれました。
ぼくはすごくうれしかったです。
来年もおいわいしてあげたいな。

こいがふとっちょった

新居小二年　中島ゆうか

おおずにかえって、
こいにえさをあげに行った。
そしたら、
こいがふとっちょった。
お正月ぶとりかな？
パンをあげよったら、
こいとハトがあつまってきた。
ハトは食べたけど、
こいは食べんかった。
ダイエット中かな。
ハトはいっぱい食べよった。
ハトにいっぱいあげた。

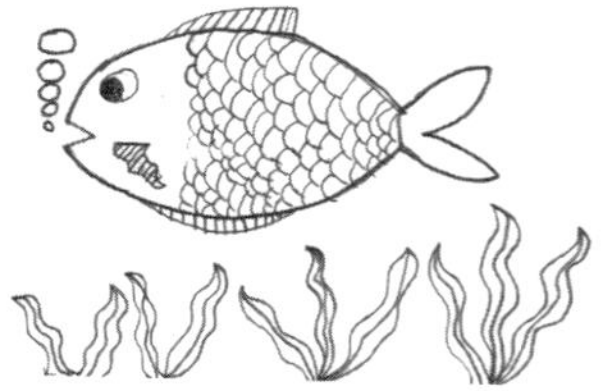

清水小三年　益永　英人

ひなんくんれん

赤野小二年　岡林　そら

ひなんくんれんをした
今までとちがうひなん場所だった
ぼくは、学校から走ってにげた
さか道までくると体力がなくなった
本当の地しんだったら
つなみにのみこまれると思って
ひっしで走った

はりまや橋小四年　ブレットソーレボン

新しい兄弟

稲生小二年　山本こうた

お母さんのおなかの中には、
赤ちゃんがいる。
さいしょは、知らんかったけど、
お母さんのおなかをさわったら、
中からなんか、ドンドンけってきた。
ぼくが、
「けってきゆう。」
と言ったら、お母さんが、
「そうやろう。」
と、にこにこわらっていた。
ぼくは、今、四人兄弟。
それに、ぜんいん男
もし、
つぎに生まれてくる赤ちゃんが、
男だったら、
男ばかりの五人兄弟。
弟だったら、
いっしょにサッカーをしよう。
妹だったら
女子のようふくがないから
こまるなあ。

一宮小四年　和田　優菜

雪だ！雪！

魚梁瀬小二年　関ティファニー

すごく風がふいていた。
家の前の山は、
はっぱがゆれザーザーと
すごい音がした。
ミシミシと木のえだもゆれていた。
「こわい、
木がたおれてこないかなあ。」
と、しんぱいしながら、ながめた。
「ラジオたいそうしているみたいに
右左上下いそがしそうに、
首ふっているね。」
と、お母さんが言ったので、
ぷっ
と、わらってしまった。
ヒューヒュー
と、風の音がするので、
もしかしたら雪がふるかもしれない
ときたいしていた。
しばらくすると、雪がふってきた。
「キャーッ。雪だ！雪。」
と、大きな声でさけんでしまった。

ありのぎょうれつ

高須小二年　高石まさたけ

キッキキー
かすかな鳴き声が
足もとから聞こえてきた。
見ると
小さなありのぎょうれつだった。
左右にくねくねうごいている。
一ぴきがれつをぬけだし
足にのぼって来た。
もう、くるぶしのところまで来た。
足をぶんぶんふってふりおとした。
もう一回ありのぎょうれつを見ると
クッキーをくわえていた。
と中に水たまりがあった。
クッキーがぬれないよう
かわしていた。
そのままぎょうれつは、
すすんで行った。
む中になっておいかけて行った。
そこには、人が入れないくらい
小さいあながあった。
ありがあなの中にきえて行った。
ありの先とうが
ぼくの顔をにらみつけていた。

中村南小一年　徳広壮之助

花火大会

伊野南小二年　京本はると

きゅうにドーンと音がした
むねがドクンとした
空が大きい花火で
いっぱいになった
何回も何回も
花火があがった
ぼくのむねも
何回も何回も
ドクンドクンとした
花火は百ぱつあがって
ぼくのむねも
百回おどろいた

馬路小六年　木下　陽太

ランドセルわすれちゃった

高岡第一小二年　古庄まひろ

りょうた君《くん》と学校に行きよったら
かずま君ちの近くで
なんかへんなかんじがしたがよ
おかしいなあと思ったら
りょうた君が
「ランドセルわすれてない」
と言うたがね
せなかをさわってみたら
ランドセルがなかった
走って家にかえって
とってきたがね
りょうた君はわらいよった
ぼくもおもしろかった

竹島小六年　西内芙優希

くるくるあやなスペシャル

鴨田小二年　井上あやな

水えいで
いきつぎをならいました。
おふとんをほすみたいに
くるっと
ひっくりかえって
パッ
水にもぐって
ブクブクブク
先生にならったとおり
空をみながら
およぎました。

気がついたら
プールのたてが
ぜんぶおよげていました。

「すごい。」

みんなのかん声が
聞こえました。

「あやなちゃん、すごい。」

「たこやきみたいや」

と、ゆうきくんが言いました。

「トルネードでしょ。」

と、おうたくんが言いました。

先生が
「名前をつけよう。」
と言いました。

みんなが
アイデアを出しあって
「くるくるあやなスペシャル」
にきまりました。
すてきな名前がきまって
とてもうれしかったです。

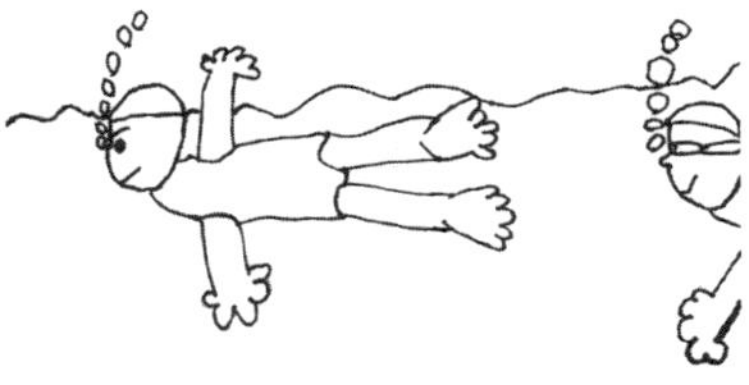
泉野小二年　春田　一葉

めじろがやってきた

片地小二年　小松ゆうり

めじろの体はきみどりで
すごく小さい。
チュピチュチュルルルル
と鳴いた。
その声はちがうめじろと
会話しているみたいだった。
大きい鳥がくるとすばやくにげた。
どのすがたもかわいかった。
もっと何わもきてほしいから
おじいちゃんといっしょに
みかんをよういしておきたいな。

夜須小六年　前田　廉太

直角いっぱい

十津小二年　穂積あまね

学校で直角のべんきょうをしました。
わたしは家で
直角をたくさん見つけてみました。
まずカレンダーとまどを
見つけました。
ティッシュのはこと
れんらくちょうと
百点のプリントと千円さつと
はがきとしゃしんと
ぬりえにかるたも直角でした。
直角というかん字にも
直角がありました。
家の中は直角だらけでした。

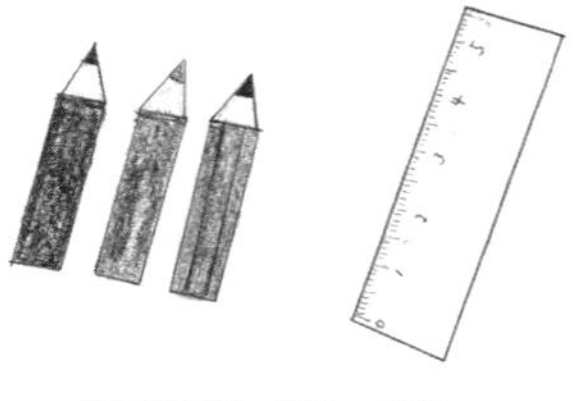

佐川小五年　德弘　琴美

楽しかったよ、自てん車

入野小二年　麻田くれは

お母さんといっしょに、
サイクリングコースへ行った。
とちゅうで、入野のはまに行くと、
海がきれいだった。
お昼は、かつどんとおにぎりと、
とうもろこしとクッキーを
買って食べた。
木のベンチにすわって、
いろいろなことをしゃべった。
その時、風がふいてきて、
気もちよくて、にこにこして、
楽しかった。
帰りは、
さかがつらくて、あつくて、
足がいたくて、
自てん車がおもかった。
なきながら帰った。
お家についたら、やったあと思った。
がんばって、よかった。
また行きたいね、お母さん。

わたしは八才よ

泉野小二年　横田　さら

わたしは、八才になりました。

だけど、お父さんに
「さらは、九才やろ。」

と言われました。

ちがう、わたしは八才。

「そうやったっけ。」

「そう。」

お父さんの友だちが来て、

「おお、さら十才か。」

「ちがう八才。」

「そうかね。」

「うん。」

だけど、わたしは
ちょっとうれしかったです。

何才か聞かれるとどきどきします。

一番たのしかったこと

高知江の口養護学校高知大学医学部附属病院分校二年　鈴木あやめ

弟がうまれたしゃしんを
お父さんがもってきてくれました。
弟がびょういんにきたら
かわいかったです。
しゃしんの弟もかわいいけど
びょういんへきた弟は
もっとかわいかったです。
また弟のしゃしんがとれたら
もってきてほしいです。
またこれたらきてね。

潮江東小二年　森下　奈々

かん字で四じゅう丸

七里小二年　武田かなき

二学きから
かん字ドリルで四じゅう丸が
とれるようになった
先生が
「字がきれいになったね」
と言った
一学きは
そんなにきれいじゃなかったき
お母さんが
「二学きはがんばりや」
と言って
新しい下じきを買うてくれた
ぼくは四じゅう丸をとって
うれしかった
お母さんに言おう
またつづけて
四じゅう丸をとりたい

ものさしじけん

三原小二年　濱畑　あや

りくとくんが、

「ない、ない、ない。」

と言っていました。

ふでばこをあけて、すぐしめました。

ノートの下を見てもなかったみたい。

「え、え、えー。」

とあわてていたので、

「何をさがしているの。」

と聞いたら、りっくんは、

「ものさし。」

とこたえました。

わたしが、
すぐに見つけてあげました。

「手にもっちょうやん。」

と言うと、

「あっ、あはは。」

とわらったので、
みんなで大わらいをしました。

すべりだい

五台山小二年　岡村れんじ

はるののこうえんに、行った。

長いすべりだいをした。

シューンと風が、きもちよかった。

妹のひのわが前で、ぼくが後ろ。

おかあさんがにこにこと、見ていた。

野市東小二年　西川　木葉

やさしいな

西土佐小二年　髙橋　そら

宮地はんと学校に行っていたとき、
よこ山せい肉食品センターの前で
こけてしまいました。
ぼくのひざは、
りょう方ともちが出ていました。
てっしんくんが、
「ちょっと、ちが出ているねえ。」
と言いました。
ももかちゃんが、
小さいカットバンを二つ、
大きいカットバンを一つ
はってくれました。
ぼくは、
ももかちゃん、
やさしいなあと思いました。
ももかちゃんのこと
すきと思いました。

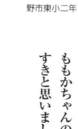

小学校 中学年

下ノ加江小で

仁井田小で

中筋小で

佐賀小で

蓮池小で

羽根小で

馬路小で

三高小で

吾北小で

小学校中学年の詩を読む

◆三年生◆
前向きに生きています

友達や家族や生き物に対して、やさしい心があふれている詩を紹介します。

「ひーちゃんのあったかい手」は、先生に言われたとしても傷つけた友達を笑わせながら手をつないでずっと帰っています。「かん病」は、一階と二階でそれぞれ病気で寝ている姉妹のお世話をしています。「ハトのす」は、庭のキジバトの巣にカラスが襲いかかったとき、ホースで追いはらったり、その後きた台風の心配をしたりしています。

「ぶつだんのぶた」や「年のはじめはいそがしい」では、前向きに生きている姿が浮かんできます。胸にじーんとくる詩ですね。

自己主張がしっかり見られる詩「ぼくはおさるじゃない」「もっと勉強したい」も見逃せません。

自然に関係する詩が少なかったのですが、「きんかんの木」は、木を切ることになって木に集まっていた鳥たちの風景を思い出し、さびしさを感じている詩です。「生まれちゃった」は、何と手の上でダンゴムシの赤ちゃんが生まれた驚きが書けています。詩は感動と言われていますが、まさにその通りですね。

三年生のみなさん、あれもこれも書くのではなく、一番書きたいことを選んで書きましょう。いっぱい遊んで、いっぱいお手伝いをして、しっかり勉強して、発見したことを詩に書いてみましょう。そして、できた詩を友達と読み合いましょう。楽しいですよ。

（山内さとみ）

神谷小一年　市川　優愛

きいて　きいて　ちいさなつぶやき

十市保育園

はがない！

5才　A子ちゃん

えんていで0才児とあそんでいた年長のA子ちゃん。

A子「せんせい　はが　ぜんぶぬけちゅう。」

保育士「ちがうよ、赤ちゃんは　これからはえてくるがよ。」

A子「そっかー。」

かぞくになりたかった

5才　B子ちゃん／C子ちゃん

先生にえんていに絵をかいてもらったB子ちゃん。

B子「きよおか先生とかぞくになりたかった」

それを聞いたC子ちゃんが

C子「かぞくだったら　ずーっとかいてもらえるもんね。」

グループのなまえ

4才　B子ちゃん

グループのなまえを　きめたあと、

◆四年生◆ 感動をありのままに

四年生になると、友達や家族だけでなく地いきや社会にも目を向けられるようになります。

「大野見のおばあさんたち」は、地いきの人とのつながりから生まれた感動が表現されています。地いきという大きな家族に見守られている様子が伝わり、心が温かくなりました。

「はじめてダイブした」「先生、ひみつにしちょってよ」は、ギャングエイジとも言われる四年生らしいわんぱく体験を題材にした作品で、エネルギッシュでパワーがあふれています。

「親切ってむずかしい」では、行動したいけれどできない心のゆれがすなおに書かれていました。正直な気持ちを言葉にすることで、次はきっと行動にうつすことができるでしょう。

日常の一コマにも詩の「たね」はかくれています。私たちの身の周りにあふれています。見たり、聞いたり、ふれたり、アンテナをいっぱい広げてみましょう。今しかできない体験もたくさんして心が動いたことをありのままに書いてみましょう。『やまもも』を読んでたくさんの友達の詩と出合うのも、ヒントになるでしょう。

（西本　衣里）

朝倉第二小六年　甲斐誉士之

蓮池小四年　山﨑　れん

「わたしは『いわし』か『さば』がよかったけど、らいとくんがゆうた『うなぎ』にきまった。まあ、うなぎでもいいわ。おいしいし。」

おねえちゃんの　しるし

4才　C子ちゃん

「わたし、ひとりで　シャンプーができるように　なりたい。だって、ひとりシャンプーは　おねえちゃんの　しるし。」

ちきゅうが　ぜんぶすき

4才　Hくん

2月ににゅうえんしてきたHくん。
「せんせい、ぼくね　みんなのことがすきなの。おともだちだけじゃなくて、ちきゅうが　ぜんぶ　すきなんだよ。」

ゆらゆらから　ぐらぐら

4才　N子ちゃん

数日前からまえばがぬけかけていたN子ちゃん。
「あたしのはねえ、ぐらぐらしゆうが。ゆらゆらから　ぐらぐらになったが。おとなのはが　はえゆうとおもう。おとなのはになったら、たぶん食べるのすっごく早くなると思うで。」

ひーちゃんのあったかい手

神田小三年　井上　恵佑

ひーちゃんをかなしませてしもうた。
「人の心をきずつけちゃ、いかん！」
と、先生にこじゃんと、おこられた。
「ひーちゃんの家まで、ずっと
　手をつないで帰りなさい。
　ずっと、わらわせながら帰りなさい。」
と言われた。
ひーちゃんをよろこばせようと、
ぬ〜べ〜のまねをしたり、
かいけつゾロリのまねをしたり、
ようかいウォッチのまねをした。
ひーちゃんは、ぼくの顔を見て、
にこにこしてくれた。
ずっと、手をつないでいた。
ひーちゃんの手のぬくもりが
ぼくの手につたわってきた。
ずっと、手をはなさんずつ帰った。

先生とのやくそくを、しっかりとうけとっている恵佑さん。詩の一文一文にも、ひーちゃんと恵佑さんのぬくもりがつまっているよ。

横浜新町小一年　岡　　愛葉

かん病

香長小三年　黒石　佐和

妹が、
「おなかがいたい。」
と言ったので、
お茶とアクエリアスをのませました。
次に、
お姉ちゃんのお世話をしました。
ももをもって行ったり、
水とうに、お茶を入れて
もって行ったりしました。
妹に手紙も書いてあげました。

お姉ちゃんは二階。
妹は一階。
上ったり、下ったり。
病気のお世話は、大へんです。
がんばってかん病しました。
二人がよくなったときは、
本当にうれしかったです。

二人のかん病で大変なのに、妹さんに手紙も書いた佐和さんはやさしいね。がんばってかん病して、二人が元気になってよかったね。

とあくんの一言

一宮小三年　酒井　啓光

六年生のとあくんとサッカーをしました。
ぼくは、とあくんが大すきです。
ぼくが一点決めたとき、とあくんが、
「ひろき、うまい。ナイス。」
と言ってくれました。
ぼくは、うれしすぎて
しゃべれんなるくらい
心がどきどきしました。
その後も何点か決めたら、
そのたびにとあくんがほめてくれました。
ぼくの心はやる気でいっぱいでした。

越知小二年　西内　文哉

とあさんは、啓光さんをおうえんしてくれてやさしいですね。あこがれの上級生にほめてもらってうれしかったことでしょう。

むねがぞわぞわした

戸波小三年　片岡愛呂布

まち合わせは一時やのに、
むねがぞわぞわして、
かなたくんちへはよう行った。
はじめて行くききんちょうした。
十二時前やった。
「まだごはん食べゆうきまって。」
って言われた。
まちゆう時いろいろ考えた。
ゲームしようかなあ。
なわとびしようかなあ。
かなたくんがよびにきてくれた。
メダルの交かんをした。
いっしょにルパン三世のテレビを
話しながら見た。
妹のななかちゃんが、
おやつをこうてきてくれた。
三人でいっしょに食べた。
あしたもあそぶってやくそくして帰った。

中村南小三年　吉本　歩夢

やくそくの時間がまちきれないくらい、本当に楽しみだったんだね。これからもいっしょになかよくいっぱい遊んでくださいね。

ぶつだんのぶた

斗賀野小三年　森　晃輝

せなかをやさしくおす。
「ぷうぷうぷう。」
と、ぶつだんのぶたが鳴く。
お父さんとサーキットに行って
車に乗ったこと、遊んだこと、
いろいろ思い出す。
このぶたはお父さんの車の友だちが、
病気のお父さんに力をつけて
早く元気になって
また車に乗りましょう
と言って、くれたもの。
車が大すきなお父さん。
病気になってもずっと仕事を続けて
がんばったお父さん。
もうすぐ息が止まるというとき、
さいごの力をふりしぼって
ぼくたち三人兄弟の名前をよび、
え顔で、
「ありがとう。」
と言ってくれたお父さん。
ぶつだんのぶたを見ては、
やさしくて、かっこいい
いろんなお父さんを思い出す。
ぼくもえ顔のにあう、
男前で車の好きな
すごい大人になるきね。
ぜったいなるきね、お父さん。

大篠小四年　中尾　宏紀

ぶつだんのぶたを鳴かすたびに、父との思い出がよみがえるのですね。父に話しかける晃輝さんの感しゃの気持ちと力強さを感じます。

きんかんの木

別府小三年　十倉悠大朗

花だんに生えていたきんかんの木を
切ることになった。
きんかんの実でよくりょうりをした。
メジロやウグイスも来ていた。
スズメもたくさんやって来た。
虫もたくさんやって来て、
まるで生き物のおしろみたいだった。

のこぎりで切った。
やかましかった鳥たちも
どこかへ行った。
いきなり花だんがしーんとした。
今までずっと立っていた木。
しずかになったけど、
ぼくは、さびしかった。

きんかんの木はみんなをつなげてくれていたんだね。そして、なくなってしまった今でも心の中で、あなたとつながっているのですね。

ねぼけた

田ノ口小三年　津田　颯斗

国語のテスト中
ねむくてねむくてたまらなかった。

目をこすってもまだねむい。

「はあ。」

とあくびも出た。

テストを先生のつくえに出すとき、

「ごちそうさま。」

と言ったら、

「あはははは。」

と、みんながわらいだした。

ぼくもいっしょにわらった。

きゅう食のおぼんを出したような気がした。

あんなにねむかったのに、
はっと目がさめた。


たくさん頭をつかって、テストをがんばりすぎたのかな。その場面が見えるように書かれた詩です。さいごの文も、詩にぴったりです。

年のはじめはいそがしい

竹島小三年　畠中　涼初

今日は、とても
いそがしい一日でした。
おばあちゃんとおじいちゃんと
ゆう便局へ年がじょうを
出しに行きました。
近くの一じょう神社にも
おまいりに行きました。
ていぼうの神社にも
おまいりに行きました。
お母さんのおはかまいりに
行ってきました。
おばあちゃんは、
「すずはが元気で勉強しますように。」
とおいのりして、わたしは、
「お父さんの部屋がちょっときれいに
　なりますように。」
とおいのりしました。

夕方は、道路に
とうけつざいをまきました。
「お父さんがスリップを
　しませんように。」
今日は、とってもいそがしい
一月一日でした。

楠目小四年　福留　菜月

涼初さんのがんばっているすがたと、やさしい
心がつたわり、私たちが元気をもらいました。
おいのりしたことがかないますように。

ハトのす

高岡第二小三年　邑田　凱

家の庭にキジバトがすを作った。
じいちゃんがおしえてくれた。
「もうじきたまごをうむきね、
　そっとしちゃってよ。」
夕方、カラスがハトのすにおそいかかった。
ぼくは近くにあったホースで
カラスをおいはらった。
それから台風もきた。
「おしいこと。あと一日あったらとべたのに。」
台風でとばされないか心配だった。
風の中、様子を見に行った。
「あっ。」
お母さんバトが、
子どもを下にかくしてまもっていた。
「よかった。」
ぶじに大きくなってほしいな。
また庭にすを作ってほしいな。

ハトのことをまるで家族のように守ってあげたり、心ぱいしてあげたり凱さんはやさしいね。きっとぶじにす立ったことでしょう。

中川内小六年　森本　響

一番大きい表しょうじょう

下ノ加江小三年　矢野　雄大

みんなが表しょうじょうをもらう。
計算スピードたんしゅくの表しょう。
みんながもらっているのに
ぼくだけよばれない。
もしかして、
ぼくだけもらえないんじゃないろうか……。
ぼくだけ……。
一番最後に名前をよばれた。
一番たんしゅく。
一番大きい表しょうじょう。
（よっしゃあ！）
ガッツポーズをした。
青くて、タイムが書かれちょった。
すごい大きい表しょうじょう。
百万円当たったくらいうれしかった。
帰ってお母さんに見せた。
「あゆみ」より先に見せた。

伊野南小六年　三谷　拓生

心配から一転、大よろこびの雄大さん。がんばりが実をむすんでよかったですね。きっとお母さんもよろこんでくれたことでしょう。

待ち合わせ

吾北小三年　山下　優人

「お兄ちゃん、まだ。」

いっぱいの人が駅のかいだんを
上がったり、下りたりしている。

深緑のジャンパーの人が下りて来た。

「あっ、お兄ちゃんかな。」

と思った。

ちがった。

次こそお兄ちゃんや。

せの高い人が下りて来た。

「えー、またちがうが。」

お母さんが、

「あっ、お兄ちゃんや。」

「どこにおるが。」

お母さんが手をふった。

お兄ちゃんはのび上がって、
手をふってくれた。

ぼくはかけよった。

やっとお兄ちゃんに会えた。


お兄さんに会いたくてたまらない優人さんの気もちがつたわってきます。お兄さんも優人さんに会えてうれしかったでしょうね。

お父さんのたんじょう日

横内小三年　山中勇央俐

あさっては、お父さんのたんじょう日。

「あさって楽しみやね。」

と、お父さんに言うと、

「そうやね。」

と、言ってにっこりした。

お母さんはこの日のために、
ケーキや食事の店を予やくした。

ぼくは、お父さんに
「たんじょう日プレゼント何がいい。」

と、聞くと
「ジョギング用の服。」

と言ったので
こっそり服を買うことにした。

お年玉をためてスポーツ店へ行った。

プレゼントはおし入れにかくしている。

お父さんのたんじょう日が、
はやく来てほしいな。

よろこんでくれるかな。


会話や勇央俐さんのしたことが、しっかりと書けています。とってもあったかい家ぞくだね。心にのこるたんじょう日になりそうです。

さんかん日

吉川小三年　西村　花恋

さんかん日。
お母さんくるかなあって待ちよった。
「お母さんこんで。
　だってかれんが
　こんでえいって言うたも。
　しせい悪いが見られんき、えいが。」
って言よったけど、うそ。
ほんとはずっと待ちよった。
だれかのお母さんが教室に入って来たら、
「お母さんかも。」
って思って、すっと後ろ見よった。
それでも勉強がんばったがで。
次の日、お母さんが来てくれた。
うれしかった。
学校っていつでも見に来てえいがやって。
「また、来るで。」
ってお母さんが言うた。
しせいようしちょかないかんな。

言葉と気持ちがさかさまなときってあるよね。
後ろにお母さんを見つけたときの花恋さんの
うれしそうな顔が目にうかびました。

旭東小一年　山中　心美

ゆず大すき

おおとよ小三年　貝本　　茜

私が住んでいる町は、
ゆずがたくさんとれる。
十月をすぎると、
庭から、ゆずのさわやかなかおりが
ぷんぷんする。
私は、このかおりが大好きだ。
「ゆず工場に社会見学に行くよ。」
先生の言葉を聞いて、
私は、目がキラーンとかがやいた。
ゆず工場に行った。
たくさんのゆずがあった。
ゆずがきかいにすいこまれていった。
うおー。
「アリじごくみたいや。」
思わず声に出してしまった。
そしたら、田上先生が、
「アリじごくならぬ、ゆずじごくやね。」
たしかに。
社会見学はおどろくことがいっぱいだった。
家に帰って、
工場でもらったゆずジュースを飲んだ。
つかれた体がリセットされた。

ゆずが大すきだから、詩に書かずにはいられなかったのですね。工場の中は、ゆずがいっぱいで茜さんにぴったりの見学でしたね。

赤野小六年　有光　健晴

ぼくはおさるじゃない

川内小三年　林　　威吹

運動会でのマストのぼりのことだ。
ぼくは赤組。
白組に負けている。
（ぜったい勝ちたい）
体に力が入った。

いよいよぼくの番だ。
あっという間にのぼって、
あっという間に下りてきた。
そしたら、ほうそう委員の人が、
「いぶき君は、おさるのようです。」
と言った。
ものすごくはずかしかった。

後になって、先生に、
「それってほめ言葉で。」
と言われた。
ちょっぴりうれしかった。
だけど、やっぱり、
（ぼくは、おさるじゃない）
と思った。

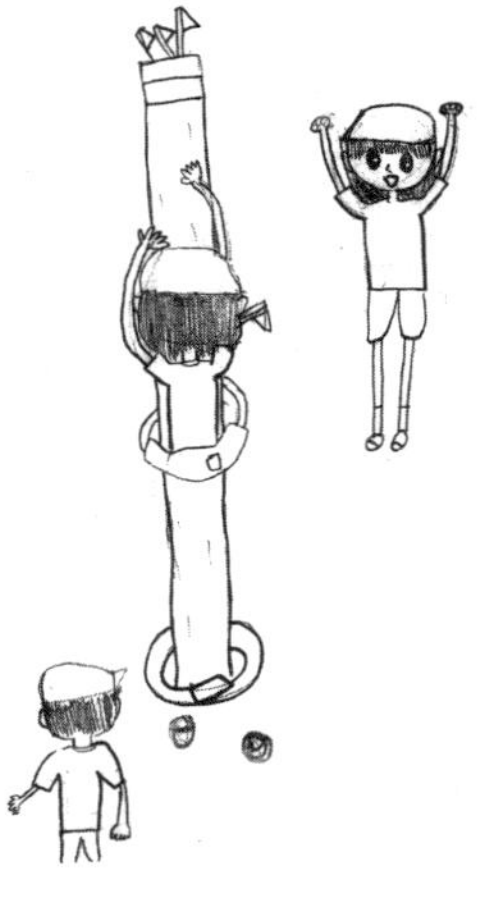

大篠小四年　都築　遥香

マストのぼりで大かつやくですね。威吹さんのスピードがあまりにもはやかったので、きっとみんなも見とれていたことでしょう。

うらないの草

岡豊小三年　山中　奏奈

よしきさんがもっていた草を見て
「うらないの草で」
と先生が言った
みんな
「ええ」
と言って、集まってきた
よしきさんと先生で
くきのはしからさいていた
四角ができた
「あいしょうばっちりや」
と先生が言った
よしきさんは
「やったあ」
と言って、よろこんでいた
つぎにおくだい先生ともしていた
あいしょうばっちりだった
わたしもほしい
うらないの草

よしきさんを先生がうらなっているのを、わくわくしながら見ている奏奈さん。うらないの草があったら、だれとうらなうのかな。

先生のかれし

佐賀小三年　太田　楽

ぼくの先生は二十四才。
先生はいつも細かいことでおこる。
そんな先生にぼくは、
「早くかれしつくりや。」
と言う。
二十四才でかれしおらん人は
あんまりおらんと思う。
七夕のたんざくにも書いてあげた。
やさしくて、力持ちで、
お金持ちの人がいいと思う。
早くつくってね。

伊野中一年　嶋津　智貴

先生のことを心ぱいしてあげているんだね。楽さんと先生とのなかのよさがつたわってきます。七夕のねがいがかなうといいですね。

しゅう字はむずかしい

長浜小三年　長町　美波

学校で、しゅう字をした。
字がかすれたり、
細くなったり太くなったりした。
なっとくのできる字が書けない。

休み時間は、
少し休んでまたつづけた。
少しつかれた。
力かげんもむずかしい。
強く書くと紙がやぶけるし、
弱く書くと字が細くなる。
名前を書くのもむずかしい。
書くとき、手がぶるぶるふるえた。
二字書くだけでもせいいっぱい。
やっぱりしゅう字は、むずかしい。

野市東小三年　平川さくら

ふでを持つ美波さんのしんけんさがしっかりつたわる詩です。ていねいにがんばっている美波さん。きっといい字が書けますよ。

よっしゃあ

橋上小三年　小松　剛基

おじいちゃんと山に行った
まずむせんきに電げんを入れる
イノシシがわさにかかると
むせんきが鳴る
山はイノシシの楽園
おじいちゃんは山にかけている
とつぜん
プープー
むせんきが鳴りだした
おじいちゃんのむねに火がつく
おじいちゃんはわらっている
わさにかかっていたのはイノシシ
あまりの大きさにびっくりした
おじいちゃんが鉄ぽうをうつとき
ぼくは車の中でまっている
バンッと音がした
おじいちゃんがイノシシをしとめた音だ
上からイノシシが転がってきた

イノシシは目をとじてしたをかんでいた
ぼくは
「よっしゃあ」
と心で言った
いつかぼくも
おじいちゃんみたいになりたい

椦原小三年　中越　幸大

おじいちゃんは、かっこいいね。おじいちゃんのとった大きなイノシシを見たかったなあ。いつか剛基さんもしとめられるといいですね。

一しゅんのタイミングまぐろ

伊野南小三年　橋村　海渡

まぐろが来た。
ぼくは、スシローに行ったら
まずまぐろのかくにん。
しょうゆやおはしをかまえる前に
まぐろのかくにん。
食べるじゅんびなんかしていたら
まぐろが取れないで行きすぎる。
まぐろが一皿しかないときは、
一しゅんのタイミングで
失敗とせいこうが決まる。
失敗したら、次が来るまでじっと待つ。
せいこうしたら、弟にも分けてやって
いい気分でパクッと食べる。
味はうまくてさい高。
さい高十五皿まで食べた。
やっぱりスシローといったらまぐろだ。

尾川小六年　野中　佑花

スシローにはたくさんのおすしがあるけれどほかのものには見向きもしないまぐろ一すじの海渡さん。まぐろ大すきがよく分かります。

おっとびっくり

中村小三年　北村　晃大

はるとくんちでおばけやしきをした。
ぼくはお客さんになった。
さっそく中に入った。
はるとくんがぼくの前にとんできた。
ぼくが、
「おっとびっくり。」
と言うと、はるとくんが、
プー
とおならをした。
また、
「おっとびっくり。」
と言った。
ぼくは、こわがるどころか大わらいした。
はるとくんが、
「このおばけやしきはだめやな。」
と言った。

思いがけないびっくりに、おばけやしきのこわさもふっとんでしまいましたね。はるとさんちのおばけも笑っていたかもしれないね。

生まれちゃった

赤岡小三年　河村　茉子

校庭でダンゴムシを見つけた。
毎日えさをやったけど、何びきも死んだ。
そのたびにまたつかまえてきた。
そしてなんと
「あ、赤ちゃん。」
わたしの手の上で、ダンゴムシが生まれた。
「米つぶみたい。」
しょうげきの事実。
ダンゴムシの赤ちゃんは黄色。
おとなになったら黒。
ふしぎだ。
生まれた時はすごく小さい。
でも、さわると丸くなった。
やっぱりダンゴムシ。
もっと知りたいダンゴムシのことを。

茉子さんは、ダンゴムシが大すきなのですね。毎日がんばってお世話をしていたおかげで、すごいしゅん間に出合えてよかったね。

もっと勉強したい

加茂小三年　曽我部界人

Ｎきょくに Ｎきょくを近づけた。
すっとはなれていく。
二回目は、はねてうらがえった。
Ｓきょくに Ｓきょくを近づけた。
同じだった。
Ｎきょくに Ｓきょくを近づけた。
今度は、くっついた。
Ｓきょくに Ｎきょくを近づけた。
また、くっついた。
丸がたじしゃくを二つくっつかせて、
周りを一周させたら、
二周も回った。
へビみたいにじしゃくをくっつけたら、
先生のストップがかかった。
もうちょっとだけやらせてや！

勉強には、おどろきと発見がいっぱいだね。夢中になってもっとやりたそうにしている界人さんのすがたが目にうかびました。

中村南小一年　岡﨑琥太郎

つららを食べられた

鏡小三年　佐々木　恵

階だんの近くに
つららができちょった
長いものや短いもの
くっついていたりしているものも
あった
ねえちゃんがとってくれた
手ぶくろがなかったから
つめたかった
ハンカチもなかったから
ティッシュでつつんだ
学校に持って行ったらいぶちゃんが
「そのつららかして、食べていい」
と聞いてきた
「おなかがいたくなるきやめや」
と言ったけど
「しなんきいいやん」
と言うて、つららの先っぽから
カチカチカチ
とかじっていた
わたしはびっくりした
中には細かい葉っぱがあったのに
いぶちゃんは食べた

おへそが二つ

中村小三年　白石　美紅

お母さんとお風ろに入りようとき
大発見をした。
お母さんにおへそが二つあった。
私は、お母さんのおへそを見て
みんなはおへそが一つなのに
なんでお母さんだけ
二つなのと思った。
お母さんに
「ここがおへそやろ。」
と聞いたら、お母さんが
「そうで。」
と言った。
「じゃあここは？」
と、もう一つのおへそを
指さして言うと、
「ここは、美紅ちゃんと沙綺ちゃんが
　生まれてきた場所よ。」
と言った。
お母さんは、
てい王切開で私と妹を生んだ。
二つ目のおへそはそのあとだった。
おへそにそっくりだった。

私は、
こんな小さな所から出てきたのは
ふしぎだった。

安芸第一小三年　影山　海優

お父さんのにおい

神田小三年　田村　瑠衣

「お父さん帰ってきたで。」
と、お母さんが言った。
わたしのお父さんは、
しゅっちょう中。
いっつも会えん。
金曜日には帰ってくる。
その時に荷物を運びに行く。
運びよったら、服は
あせのにおいとたばこのにおい。
けんど、あせのにおいは、
がんばりゆうしょうこや。
たばこのにおいは、
たまにらくにしてくれゆう
しょうこやもん。
ぜんぜんかまん、かまんがで。

ソケットがないのに

伊野小三年　森岡　葵羽

理科の実けんをした。
今日は光らんと思うた。
豆電球だけやったら
むりと思う。
やってみた。
やってみたら光った。
ソケットがなくても、
ビニル線があったら光るのは
すごい発見や。

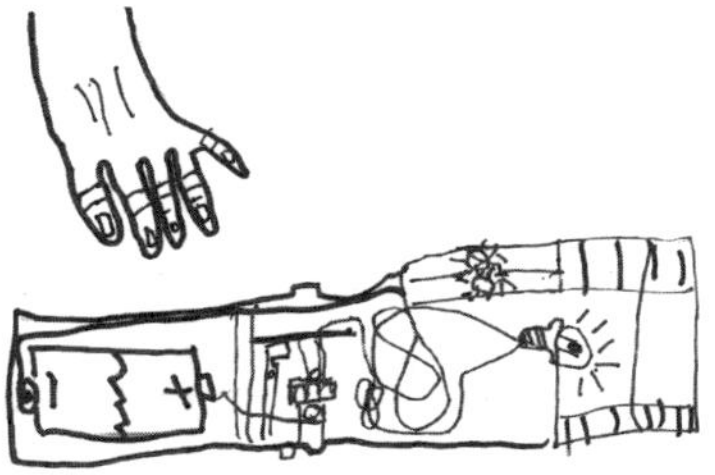

伊野小三年　井上　海里

おめでとう、こう大君

稲生小三年　岩田　彩良

去年、いとこのこう大君が生まれた。
生まれたのは一月七日だ。
一月三日に
こう大君のたん生日会をした。
一才なので筆、そろばん、一万円さつ、
どれをとるのかやってみた。
こう大君は、筆をとった。
私も一才のとき筆をとったと聞いた。
それから小さいおもちを
十こくらいせおった。
けれど、歩けなくて、
ハイハイしていた。
おもちがおなかの方へきて、
ハイハイしにくそうだった。
一才になって初めて立った。
みんなが
「こう大君すごいね。」
と言うと
うれしそうにわらっていた。
一才って大へんだなあと思った。
こう大君、たん生日おめでとう。

わたしのお父さん

咸陽小三年　篠原　有沙

うちのお父さんはやさしい
仕事から帰ってくると
だっこをしてくれる
仕事でつかれているのに
だっこをしてくれる
しかもかっこよくて
お父さんは人気者
たまに妹と
お父さんのとりあいをする
わたしは妹とけんかになる
けどお父さんは二人ともがすき
だからわたしは
「妹とわたしとどっちがすき」
と聞くと
「二人とも」
と言う
けどわたしは妹より
すきが勝っている

レッドカード

野市東小三年　西内　優太

六才の弟にボールをとられた。
ぼくはびっくりした。
「やったあ。」
と、弟が喜んでいる間に
ぼくはボールをうばいとった。
そしてゴール。
どんなもんだ。まいったか。

弟はぼくの顔面をなぐってきた。
すごいいたかった。
イエローカード二枚出した。
だから、
レッドカードと同じで、たい場させた。
ぼくの勝ちだ。
弟は泣きながら
お父さんにもんくを言った。
そんなにくやしがっても、
お兄ちゃんに勝つのは、
まだ先のことよや。

けいどろ

大川小三年　伊東　志門

すべり台の下にかくれた。
しめっていた。
くものすもあった。
かくれるためにはしょうがない。
ぼくはすべり台の下に
急いでかくれた。
しばらくするとおにが来た。
「さい強だ。」
足が速いからつかまるかもしれない。
ぼくはひっしに息をひそめた。
でもしんぞうがどきどきしている。
体がかってにふるえる。
そのしゅん間
「終りょう。」
と、言う声が聞こえた。

野市東小五年　高橋　愛琉

かっこいい父さん

高知大学附属小三年　西森　大起

父さんとはいたつに行っちょった
すなと、セメントと、ブロックを
運んだ
ぼくは、助手せきに乗っちょった
ついたら、
お客さんの前の道がどろどろだった
ぼくが、
「行けるかな」
と、言ったら
父さんは気にせず進んだ
前に進まなくなった
「のいちょって」
父さんは、ぼくに
やさしく言ってくれた
タイヤがから回りするだけやった
荷物は父さんが歩いて運んだ
ぼくは、おくの方の荷物をよせた
いつも父さんは、かっこいい

ひみつき地

南小三年　濱口　日向

あおなちゃんと新君とぼくで
ひみつき地に行くことにしました。
あおなちゃんが
「おなかがすくかもしれんき、
　おにぎり持っていかん。」
と言ったので、
あおなちゃんが
一こずつおにぎりを
作ってくれました。
ぼくのおにぎりは、
おこのみやきソースが入った
おにぎりです。
新くんのおにぎりは、
つけものが入ったおにぎりです。
あおなちゃんのおにぎりは、
うめが入ったおにぎりです。
うめのたねがのこったので、
土にうめました。
水を一人一人
一デシリットルあげました。
どんなに育つのか楽しみです。

南小三年　竹内　碧菜

弟のせいちょう

一宮東小三年　水野　真菜

はじめて弟は、言葉が分かりました。
すごくうれしかったです。
「ごめんなさい。」
「いただきます。」
ができるようになっています。
せいちょうしているんだね
と思いました。
弟は、前までは、
教えないとできないのに
自分でできるようになっています。
ほかには、
「あけて。」
「あれがほしい。」
という意味が分かっています。
まだ、おこられていることは、
少ししか、分かりません。
おこられたら、なくので、
少しは、
分かっていると思います。

波介小四年　谷脇　羽夏

ああ、そこそこ

中村南小三年　高橋　風雅

「風雅、せなかに乗って」
お父さんに言われるまま
せなかに乗った
右、左、右と
ゆっくり歩くようにふんだ
「ああ、そこそこ」
ここかと思ってしっかりふんだ
そしたら、お母さんもねっころがって
「乗って」
と言った
すると、お父さんが
お母さんに乗った
お母さんは
苦しそうに、せきをした
お父さんは
しぶしぶお母さんからおりた
「風雅、また今度乗ってよ」
次も、
「ああ、そこそこ」
が聞きたい

ぼくのザリガニ

後免野田小三年　梶田　浩平

台風のあと晴れた
ザリガニをつかまえた
色は赤
せなかの色はちょっと黒い
りっぱなはさみがついている
手を近づけると、
はさみをふりあげていかくする
えさをあげたら
小さいほうのはさみで
いきおいよくつかんで
すばやく口もとにもっていく
おはしより上手
はやすぎて見えない
しっぽで水をかいて
いっしゅんでピョーンと
後ろにジャンプする

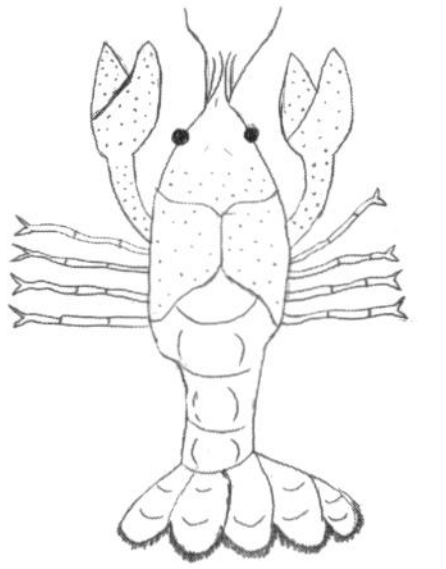

田野々小四年　津野　凜

びっくり

竹島小三年　安岡　綾乃

「ひっく、ひっく」
しゃっくりが止まらなくなった。
トイレのドアをあけると
「わっ。」
家がゆれるくらい大きい声で
お母さんがとびだした。
わたしは、しりもちをついた。
びっくりしすぎてないてしまった。
でも、知らないうちに
しゃっくりは、止まっていた。
お母さんは
「おどかしすぎてしもうた。」
と、はんせいしていた。
わたしは、
ちょっぴりはずかしかった。

おふろそうじ

潮江小三年　川村　俐公

おかあさんに
「おふろそうじして」
と言われた
「いいよ」
ぼくは答えた
おふろはそんなによごれてなかった
（そっか、おかあさんが
　まい日そうじをやりゆうきか）
ぼくは思った
そうじが終わって、おかあさんに
「ありがとう」
と言われた
おかあさんもいつもありがとう
ぼくは言えなかったけど思った

斗賀野小五年　西田　彩花

社会見学

三高小三年　松澤　琉晟

安芸のメルトセンターに行った
さいしょにかいぎしつに入った
とてもきれいなところだった
においもしなかった
次にごみクレーンをみた
ごみクレーンがおもしろくて
ずっと見とれていた
先生が
「つぎに、行くで」
と言っても聞かずに見ていた
そうじゅうする人がいなくても
自動で動くごみクレーン
おもしろすぎて
持って帰りたいと思った

ひなんくんれん

赤野小三年　野町　龍真

「ガタガタ」
とつぜん、ゆれる音がした
急いでつくえの下にもぐった
ひなんくんれんだった
「ひなんしてください」
と、校長先生が放送で言った
みんなが運動場に行ったら
しゅう会場まで走った
ついたら、しんぞうがどきどきした
つかれてどきどきした
お母さんは歩いて後から来た
ぼくらあは、走ったのに
もし本当のじしんやったら
どうするがやろう

川登小二年　岡﨑　咲奈

セーフ

北原小三年　西森　健人

お正月、フジに行った。
たくさんの人が集まっていた。
なんやろう。
ししまいや。
ししまいが、人の頭をかんでいた。
ええ。
ぼくはいいわ。
お母さんが
「ししまいの所に行きや。」
ちょっと行ったけど、
帰ってきた。
こわかったも。
ししまいは、左や右を見ていた。
やばい、見つかりたくないなあ。
かしこくなりたいけど、
かまれたくない。

清水小二年　濵田　星成

「お姉ちゃん」ってよんでね

秦小三年　福永　縁

妹のほいく園にはじめて来た。
妹とわたしとお母さんは先生に
「おはようございます。」
と、元気にあいさつした。
すると先生が
「てんちゃんとりんちゃんの
　お姉さんですか？」
と言ったので、
「はい。そうです。」
と言うと、先生がにこにこしながら、
「ほいく園ではお姉ちゃんのことを
『えん』ってよんでますよ。」
と教えてくれた。
「えー―。」
お母さんとわたしはびっくりした。
わたしは、
ほいく園では
かっこうつけちゅうがや
と思った。
妹は「やばっ」という顔をして
だまって部屋の中に入っていった。
「お姉ちゃん」ってよんでね。

田野小二年　山東　詩菜

さんかん日

幡陽小三年　仮谷　瑠愛

さんかん日があった。
れなちゃんが、
「きんちょうする。」
と言っていた。
わたしは
ぜんぜんきんちょうしなかった。
でも、お母さんが来たとたん、
手をあげれんなった。
あんまり手をあげたくなかった。
まちがったらいやだな。
前に出て答えを書きたくなかった。
いっぱいの人に見られたくないな。
でもあやかちゃんが前に行って
答えを書いていた。
あやかちゃんががんばっているから、
わたしも前に出よう。
さいごにきんちょうがのいていた。

大なわとび

初月小三年　和田　拓磨

今日の体育は、なわとびだ
一人でとぶ、なわとび
みんなでとぶ、大なわ
ぼくは、大なわの方がすき
「ビューン、ビューン」
なわがいきおいよくまわりはじめた
「ここだ」
と、思ったところでとびこむ
うまくとおりぬけられると
気持ちいい
ほんとはもっとはやく
まわしてほしかった
みんなが上手にとぶと
みんながうさぎに見えてくる

泉野小二年　古谷　陽

一ごう車のこうたくん

高知市・昭和小三年　猪野絃之介

一ごう車のこうたくんは、
おもしろい。
外ではやらないけど
教室でやっている。
読書をしていると
いきなり手話で会話してきた。
何をしているか分からなかった。
おどっているみたいだった。
ピースで指をまげたりしていたので
おもしろかった。
何日かたって
ぼくもおぼえてしまった。

尾川小五年　岡村　柚那

りょう理名人

東川小三年　腰山　禮

ストンストントンとほう丁が動く
トン……トン……は、私
切ったナスに天ぷら粉をつける
油の中にボトンと落とす
はしから次々に入れる
ボコボコボコと油がはじける
しずんだナスが
ポカンポカンとういてくる
きつね色になった
あみですくう
おばあちゃんが
よそ見をしているすきに
つまみ食いをする
ハフハフして食べる
かりっとしてふわっとして甘い
私も一人前になりたい
お父さんとお母さんを
幸せにしたい

拳ノ川ベイビー

拳ノ川小三年　森　麗花

「赤ちゃんが生まれる予定日は、
　クリスマスイブです。」
竹葉先生の赤ちゃんが生まれる。
楽しみでたまらない。
先生のおなかは
夏からだんだん大きくなっていった。
さわってみるととてもかたかった。
まるで石のようだった。
こんなかたいおなかの中に
赤ちゃんがいるのが
何だか不思ぎだった。
生まれてくる赤ちゃんは
きっとかわいいだろうな。
早く赤ちゃんを見てみたい。
竹葉先生、
私みたいな
かわいい女の子を生んでね。

畑をたがやした

蕨岡小三年　山本　貴史

「畑をたがやす。」
とぼくが言った。
おじいちゃんが、
「使うがはいいけんど
　気をつけろよ。」
と言った。
ぼくは、いきおいよく、
「うん。」
と言って
ハウスの中にまっさきに入った。
きかいを手に持つと、
エンジンをかけた。
ボンボンといって音をたてた。
おじいちゃんが
一度たがやした、やおいうねを
たがやした。
自分一人で何回もたがやした。
ずっとずっとたがやした。
とつぜんきかいからけむりが出た。
何でと思ったら
すぐにとまった。

おじいちゃんは
おふろに入りに帰ったので
ぼくはあわてたけど、
たがやし続けた。

尾川小六年　望岡　紗良

大野見のおばあさんたち

大野見小四年　石村　菜月

「大野見の良いところは。」

と聞かれたら、

「おばあさんたちがとってもいい人！」

と答える。

奈路には
かなりいっぱいお年よりの人がいて、

「こんにちは。」

とか言ったら、

「こんにちは。」

と返してくれます。

なぜか、わたしのおじいちゃんは有名で、
わたしの顔を見て、

「やっさんの孫やろ。」

「はい、そうです。」

と言います。

だからなのか、
学校帰りに会うと、

「お帰り。」

と言ってくれます。

そう言われたら、
家族の一員みたいで、
すごくすごくうれしい。

野市小五年　福留　颯太

菜月さんは「大野見家」の一員ですね。たくさんの家族が見守ってくれる大野見の地いきの温かさとやさしさが伝わってきました。

とらおおじいちゃんとお花見を

一宮小四年　下司　実侑

親せきのおじさんの畑へ行った。

とらおおじいちゃんのおはかがあった。

その前にでっかい木があったので、

「これなんの木。」

と聞いたら、

「しだれざくらよ。」

と教えてくれた。

さくらがさいたらお花見できるなあ。

春になったらまた畑に来てみよう。

とらおおじいちゃんとお話できたらいいな。

おはかの前で、

「こんにちは、春にはお花見しようね。」

と話しかけると、

「よく来たねえ、花見楽しみにしてるよ。」

と聞こえた気がした。

早く、いっしょにお花見したいな。

三里小五年　髙橋莉里加

実侑さんのやさしさがあふれています。さくらの花を見ながら大好きなおじいちゃんと思い出話いっぱいしてね。春が待ち遠しいね。

十王堂のお祭り

長者小四年　竹内　慧斗

十王堂のお祭りへ
三、四年生で行った。
一年に一度のお祭り。
初めて行ったお祭り。

中に入ると、仏様があった。
手を合わせて目をつぶり
やさしそうな顔で立っていた。
ぼくも、目をつぶっておいのりした。
地球すべてが平和になるように
と願った。
かべにある竜《りゅう》のほりものは
目が光っているように見えた。
ほった人は
細かくしんちょうに
ほったんだと思った。

十王堂は
長い時間、長者に
建っているんだなあ。

稲生小三年　池畑　隼

長い間地いきを見守ってきたお堂。それを見つめる慧斗さんの温かい目がすばらしいです。地球の平和は、みんなの願いです。

はじめてダイブした

蓮池小四年　岡﨑　海依

しゅんぺい君といっしょに
川のがけに立った
思ったよりずっと高かった
下の川を見たら
わくわくした
まずしゅんぺい君が
「せい」
と言いながらとびこんだ
しゅんぺい君が
川で泳ぎながらにっこり笑った
次はぼくが
「ヤッホー」
と言いながら
思いっきりジャンプした
水の中に入ったしゅん間
魚が見えた
体が川の水に当たっていたかった

中村小五年　村上　歩夢

高いがけから思い切りよくとびこんだしゅん間のすっきりした気分が伝わってきます。夏はやっぱり、元気いっぱい川遊びですね。

弟のランドセル

大篠小四年　中山　来愛

弟のけいしょうが
宿毛のおじいちゃんに
茶色のランドセルを買ってもらった
けいしょうは
さっそくランドセルをせおった
「にあっちゅう、にあっちゅう」
みんなはく手をした
けいしょうは妹に
「いいろう」
と自まんしていた
私も一年生になる前は
こんなに自まんしていたかな

四月から
けいしょうといっしょに大篠小学校へ行く
かた道四十分だけど、がんばれるかな

弟のことを心配しながら温かい目で見守っている来愛さん。四月から、二つのランドセルがなかよくならんで学校へ行くのでしょうね。

音楽会は終わった

朝倉小四年　西本　匠吾

音楽会が終わって四日たった
朝の歌もなくなった
帰りのリコーダーもなくなった
二年生の教室から聞こえていた
「鉄わんアトム」の
ピアニカももう聞こえない
となりの一組から聞こえていた
歌もリコーダーももう聞こえない

本当に
音楽会は終わったんだなあ

音楽会が終わった後の学校の静かな様子が伝わってきます。校しゃの中の音の変化をとらえて、詩に書けたところがいいですね。

大漁

東中筋小四年　小田　千颯

海にかがやくタチウオが
横から
ピシャー
と、えさに食いついた
ウキがしずんでいく
ゆっくりさおをもって
ビュッ
と、さおをしゃくる
食ったあ
さおを上げたら糸が切れた
初めにつれていたしかけにした
すると
入れ食いになった
さおが
バシュッ
と走る
つれるつれる
帰って数えると百四十五ひきだった

千颯さんがむ中でつっている様子が、さおの動きでリズムよく書けていますね。いっしょにつりをしているような気分になりました。

安芸第一小五年　小松　拓真

ラッキョウ植え

吉川小四年　中元　舞那

「いきいき」の勉強でラッキョウを植えた
おこしを曲げているのでとてもいたい
だんだんつかれてきた

青空ちゃんのお父さんが
「もうちょっと間を広げて」
と言った
苦労したけどがんばって植えた
言われたとおりやっていたら
「そうそう。上手になったやか」
と言ってくれた

一カ月ぐらいたって、畑に行くと
ラッキョウに花がさいていた
むらさき色でかわいかった
苦労したかいがあったと思った
もっとお世話してあげたいな
五月の収かくが楽しみだ

作業をして地いきの人の仕事のたいへんさを知ることができましたね。ラッキョウを食べるとき、がんばったことを思い出すでしょう。

土佐町小三年　白石　唯斗

先生のいないとき

はりまや橋小四年　入吉　優奈

先生がいろんなけんさをするき、いない。
私たちが静かにしないといかんとき。
いろんな先生が来るき
めいわくかけたらいかん。
静かに自習をやった。
先生が帰ってきたら
教えたいことがいっぱいある。
たとえば
みんなが静かに楽しくやりよったこと。
めいわくをかけていないこと。
先生がいなくても給食を完食したこと。
けんかがちょっとあったこと。
いちくんが野菜を完食したこと。
そうじを言われなくても
自分たちで、きれいにしたこと。
先生、わたしたち、がんばったで。

初月小二年　戸田　陽彩

みんなで力を合わせてがんばれる優奈さんたちの学級はすてきです。帰ってきた先生も、うれしかったでしょうね。

小学校四年生

手作りのたこをあげた

安芸第一小四年　福正鈴涼音

今年はひつじ年。
私は、たこにひつじの絵をかいた。
安芸川の川原に行って、
たこをあげてみる。
風がふくと、
ふわっとたこが空へあがっていく。
たこの中のひつじの絵。
青空の中で、
気持ちよさそう。
「早く糸を引かんと落ちゅうで。」
お父さんの声が聞こえた。
よそ見をしていると、
たこは、ふらふらと落ちていく。
弟と二人で、
何回も何回もたこをあげて遊んだ。

鈴涼音さんが作ったたこは、きっと上手にできていたのですね。青空にあがるたこが、くっきりと見えるようです。いい年になりそう。

長浜小三年　濵田　心南

きせきのメダカ

横内小四年　刈谷　太一

台風十一号のもうれつな雨と風で
ぼくのひばあさんの家がくずれた。
人の家にもめいわくをかけちゅう。
お母さんは、すぐ黒しお町にかけつけた。

ぼくの家では、ぼくが大事にしちょった
すいれんばちのメダカが全部流された。
メダカ、おらん。
何年も大事にかいよったのに。

何日かたって、
お母さんがげんかんでさけんだ。

「太一、メダカの赤ちゃんがおる。」

すいれんばちをのぞくと、
小さな赤ちゃんメダカが泳いでいた。

親メダカがたまごを残しちょったがや。

「やったあ、きせきのメダカや。」

命をつなぐきせきのメダカや。

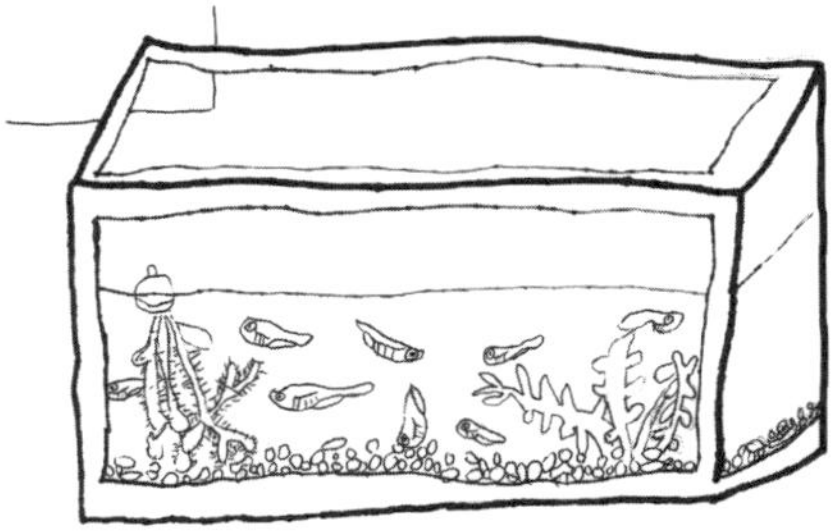

三浦小五年　井上　万葉

たいへんな台風だったのに、大事なメダカがいてよかったですね。メダカの生命力の強さを感じます。言いたいことが表れた題がいい。

出間のひまわり

波介小四年　名川侑紀乃

出間《いずま》のひまわりを見に行った。

足がふらふらするぐらい暑い日だった。

「暑い。」

と、ぼそっと言った。

どんどん進んで行くと、
黄色のひまわりが一面に広がった。

ひまわり千本こしちゅうがやないろうか。

お母さんに、

「ひまわりの間にある道へ行きたい。」

と言うと、

「行くで。」

と、お母さんがはりきっていた。

ひまわりの間の道を
どんどん歩いた。

ひまわりの中にうもれて歩いた。

宿毛小五年　三松　明莉

地いきの美しいひまわり畑の風景を思いうかべることができます。ひまわり畑の広さが伝わる、最後の三行が光ります。

はずかしいぼく

秦小四年　西森　奈央

「ノートを配ってください。」

国語の時間、先生が言った。

ぼくは、すぐに先生のところへ行った。

配っていると、名前のないノートがあった。

先生に、

「名前のないノートがありました。」

と言うと、

「中開けてだれの字か見てみて。」

と言った。

中開けてみたけど
だれの字か分からなかった。

「分かりません。」

と言おうと思って先生の方を見ると、
ぼくの方を見てにやにや笑っている。

そのとき、

「あっ。」

と気付いた。

ぼくは小声で、

「それ、ぼくのです。」

と言った。

急に顔が赤くなった。

白木谷小四年　筒井　海成

先生は最初から奈央さんのノートと分かっていたのですね。もうはずかしい思いをしないよう、名前はわすれないでね。

散ぱつ

新居小四年　松岡　春輝

「野球部は、ぼうずにせないかん。」

お父さんに言われて、
いやいや散ぱつに連れて行かれた。

ぼくは、
スポーツがりがよかったのに、

「ぼうずにしいや。」

と言われて、いやいやぼうずになった。

かみを切った自分の顔を見てみると、
なんかちがう人がおるみたいやった。

直輝も切った。

二人で顔を見て笑うた。

家に帰ったら、お母さんに、

「すごい、ぼうずになっちゅう。」

と言われた。

おばあちゃんには、

「男前。」

と言われた。

ちょっとてれくさかった。

斗賀野小五年　黒田　歓菜

むだな言葉がなくすっきり書けているのがいいです。いやだったけど、いちだんと男前になり変身大成功でした。野球がんばってね。

親切ってむずかしい

高知小四年　田添　優杏

私は、ときどき先生に、
「優杏ちゃんは、優しいねえ。」
と言われる。
けれど、私は、
ずっと心に残っていることがある。
前、駅に向かうと中、
重たそうな荷物を
よっこら、よっこらと持ってる
おばあさんがいた。
本当はとっても助けてあげたかった。
けれど、どうしても、
「大じょう夫ですか。」
「少しですけど、
　荷物を持つの手伝いましょうか。」
と言えなかった。
もし、聞こえなかったり、
ことわられたりするのが、こわかったから。
だから、私は、
本当に優しい人じゃないと思う。
身近な人にしか親切にできない
弱虫な人間だと思う。
だから、今度はぜっ対に助けてあげたい。
親切ってむずかしい。

高岡第一小五年　岩村委成美

心のゆれをすなおに書けた優杏さん。自分の思いとしっかり向き合い、それを言葉に書けたことで、次は行動できると思いますよ。

おつかい

中村小四年　堺野　望花

おなかいたい。
動けれん。
お母さんがしんどそうやった。
「ちょっと待って。
　パン食べて、薬買いに行ってきちゃうけん。」
わたしは急いで用意した。
横で、
「一人でだいじょうぶかえ。気をつけてよ。」
お母さんは、心配してくる。
「もう四年生ながで。」
と言い、自転車で行った。
薬屋さんが見えてきた。
暗くてしまっているように見えた。
近くに来ると、本当にしまっていた。
薬は買えなかった。
代わりに
お母さんの好きなコーヒーを買った。
「コーヒーありがとう。」
お母さんはうれしそうだった。
早くよくなるといいな。

十津小二年　山本　彩華

お母さんのためにと一人でがんばった望花さん。薬は買えなくても、成長したすがたやさしさは、お母さんに何よりの薬でしたね。

スカイラインが家にきた

橋上小四年　竹村　勘汰

お父さんがすごいエンジン音で帰ってきた
みんなびっくりして、外に出た
すると、見たことのない車があった
妹はまだ二才
びっくりしてお母さんにだきつく
その車の名前は「スカイライン」
前からある車だ
名車と言われているらしい
ぼくは「これが名車」と思った
うるさいからすきになれない
お父さんが
「ドライブ行くか」
と言った
乗ると、ぐらぐらゆれてよいそうだ
でも、お父さんは楽しそうに運転していた
こわがっていた妹も楽しそうだった
ぼくはスカイラインのよさが分からない

小学校四年生

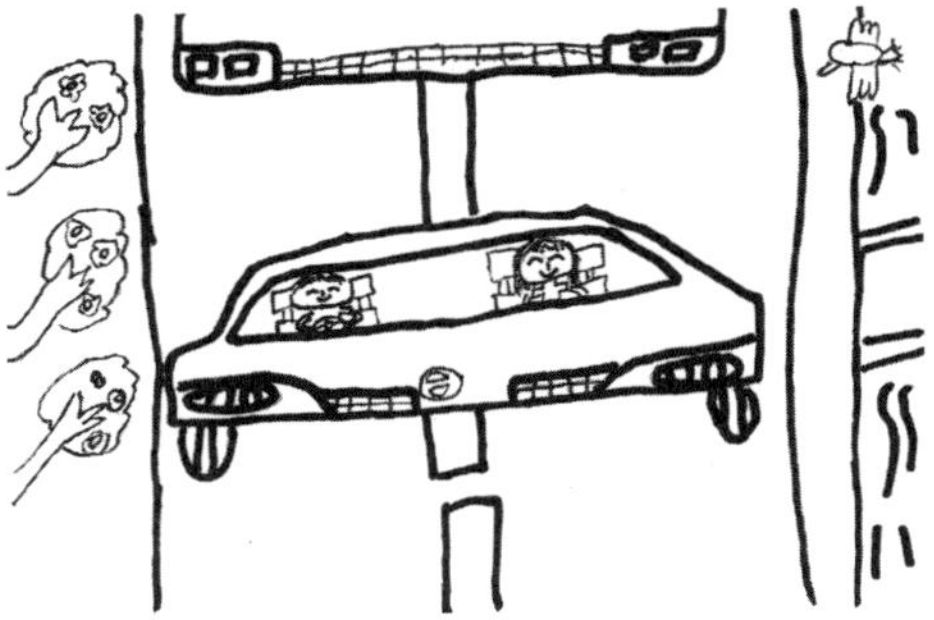

斗賀野小五年　田鍋　未波

スカイラインにむ中で、得意そうにしているお父さんをよく見て書けています。勘汰さんは、大きくなったら、どんな車に乗るのかな。

みんなで新聞作り

久礼田小四年　塩田　瑛音

「よし、みんなで新聞作るぞ。」
先生の声が聞こえる。
ぼくたちは今、久礼田新聞を作っている。
グループは六つ。
ぼくは、オフィスパーク新聞。
前から気になっていたから選んだ。
みんな頭をつき合わせて、
レイアウト、取材、メモ……
記事を書く作業は大変だし、つかれる。
「そっちじゃない。置くところは向こう。」
どのグループも、もり上がっている。
本当に書けるかなと思ったとき、
前に取材に来てくれた、
かのう記者さんのことを思い出した。
なんだか力がわいてきた。
たくさんの人に見てもらえる新聞にしたい。

話し合いをしっかりして新聞作りに取り組む瑛音さんの学級。真けんに新聞を作る様子がよく分かります。いい新聞ができたでしょう。

マスト登り

山奈小四年　濱田美沙希

「ようい、パン。」
いよいよ本番。
今まで、
母さんに助けられながら登っていた。
練習も大変だった。
たまには母さんに、
一人で登ったところを見せたい。
でも、足がつるつるすべってしまう。
「もう、ぜったい登れん、と思ったらいかん。」
と、みんなが教えてくれる。
わたしの番。
(もう少し)
一生けん命手をのばした。
てっぺんに手がついたときに、
学校の校庭で、
ずっと応えんしてくれた家族が
小さく見えた。

家族の温かい応えんにささえられて登りきることができました。最後の文に美沙希さんの思いが表れています。がんばりましたね。

先生、ひみつにしちょってよ

加茂小四年　岡添　玲央

「バーン」
からすをおどかすばく竹の音が聞こえた。
ぼくと時さだくんは、
うたれたまねをして地面にたおれた。
おもしろくなって、
バーン、バーンと言いながら、
何回もたおれた。
暗くなったけど、帰り着くまでやった。

家に帰って電話がかかってきた。
「玲央くん、帰り道にたおれていたでしょう。
　車で通った人が心配しよったで。」
と、先生に言われた。
「そんなことせんずつ、早く帰ってきいよ。」
と、お母さんにおこられた。
でも、けっこう楽しかったで。
明日みんなの前で、
ぼくのこと言わんとってよ。

川口小三年　下元悠太郎

なかよしの友達との楽しい帰り道の出来事がよく書けています。これからは、あまり心配をかけないように楽しんで帰ってくださいね。

ぼくの漢字

仁井田小四年　豊田　蓮

ぼくは、漢字が苦手だ。
一番悪かった点は二十四点。
ぼくは、これほどとは思わなかった。
その夜、お父さんに見せた。
すると、お父さんは二十四点とからかった。
くそう、見てろよ、お父さん。
明日は百点とるまでがんばるぞと思った。
何度も何度も練習した。
それでも不安なぼくにお母さんは、
「漢字辞典をまくらにしてねるといい。」
と言った。
本当かと思いながらねてみた。
朝、ぼくはお父さんの言葉、
お母さんのおまじないを思い出しながら、
学校に行った。

お父さんを見返したいという思いで練習もしておまじないもしたから、きっとよい点がとれたことでしょう。漢字名人になってね。

もちなげ

稲生小四年　池畑　勇

家でもちなげをした
一時前にいろいろな人が来ていた
だれが来ているかな
四年生の友達が来ていた
ぼくは手をふった
いよいよ、もちなげの時こくになった
持ちきれないほどのもちをつかんだ
友達に向けて、思いっきり投げた
また、新ちくにしてもちを投げたい

お祝いの日に、勇さんがはりきって、おもちを投げていることが分かります。友達の所まで、しっかりおもちがとどいたことでしょう。

今日もふとんしき

足摺岬小四年　松下　瀧斗

よいしょ、こらしょ。
おし入れからふとんを下ろします。
ぼくは
九人家族の七人兄弟です。
家族みんなのふとんをしくのは
ぼくと下の弟の歩の仕事です。

よいしょ、こらしょ。
おし入れから下ろした
ふとんをしいていきます。
ぼくが下ろして
歩がしいていく。
よいしょ、こらしょ。
チームワークよく。
お母さんたちの部屋のふとんしきは
十分でできあがり。
ぼくたちの部屋のふとんしきは
二十分でできあがり。

ふとんしきのプロといわれて、三年目。
ふとんしきは
ぼくと歩におまかせ！

佐川小三年　大原　秀友

瀧斗さんは、弟の歩さんと力を合わせてふとんしきができますね。さすが、三年目のプロです。おうえんしたくなりました。

十人一首かるた

南小四年　橋田　凌汰

四年一組で
いっしょに十人一首かるたをやった。
三ぱんの中で
ナンバーワンは、ぼく。

今度は、
チャンピオンチームでやった。
「春すぎてー。」
あおいちゃんは、さっと
「ころもほすちょうあまのかぐ山。」
の札をとった。
あれはとりたかったな。
「最後の一まい、とらしちゃお。」
と、ふうき君は言ったのに
ふうき君がとってしまった。
最後の一まい
とりたかった。

高須小二年　井上　直樹

実験って楽しい

一宮小四年　小野川知愛

今日理科室で
初めての実験があった
どんな実験かなと
どきどきしながら入った
いすにすわるだけで
うれしくてたまらない
みんなもそわそわしてるみたい
学習はアルコールランプの使い方だ
アルコールランプを見ただけで
わくわく
いよいよマッチをすることになった
初めてだったから
ちょっぴりこわかった
はんで一人ひとり順番に
チャレンジだ
ついに自分の番がきたあ
おそるおそるやってみた
はじめちょっと手がふるえた
おもいきってシャッとすると
火がついた
先生が二回目もやらせてくれた
シャッという音に心が反のうしてる
実験って楽しいなあ

一りん車パレード

田ノ口小四年　松本　葵生

曲の最後らへん
竹につかまって中車《ちゅうしゃ》りんになる。
ここがむずかしい。
回りよったら
外側に引きずり出されそうになる。
片っぽうがはなれて、
向こうの人と手をつなぐ。
手と手がぬるぬるする。
こけるもとだけどはなされん。
ひっ死でつないで
ぎりぎり中車りん完成。
アンコールまでもらって、
鼻がふくらんだ。

佐賀小三年　浜田　佳和

お父さんと見つけた オリオン座

大湊小四年　井上　知咲

オリオン座の観察が宿題になった。
でも毎日くもりか雨で、
全然見えない。
ぎりぎり、宿題のしめ切り前
初めて見るオリオン座が南の空に。
教科書に出ていた通りの形。
あれが、オリオン座。
思ったより大きい。
お父さんといっしょに、
七時、八時、九時と
一時間ごとに外に出た。
「ほら、観察しに行かんで。」
と、声をかけてくれた。
「あっそうやった。」
七時のオリオン座は、電柱の真ん中。
八時のオリオン座は、
電柱のてっぺん。
そして、
九時のオリオン座は、
電柱よりずっと高くなっていた。
お父さんは、
「やっと見れたね。良かったね。」
と言ってくれた。
一番光っていたのが、
一等星だなと思った。
初めて見たオリオン座は、
堂々として、
冬の夜空にに合っていたよ。

七里小二年　宮地　心菜

ほんとうはやさしかった

長浜小四年　酒井　蒼河

学校の帰り
いつもおいかけてくる犬がいた。
ぼくはどう立ち向かうかが
分からなかった。
（いっそほかの道から行こうか）
と考えた。
犬が近づいて来た。
足に力が入らなくて
へたりこんだ。
どんどん近づいて来た。
もう、かみつかれる。
ぼくは目をつぶった。
するとぼくの顔をぺろっとなめた。
ぼくはほっとした。
なぜか、その犬が
とてもかわいく見えた。

母の日

潮江東小四年　山川　蒼

ぼくは、母の日に
お母さんと
指輪を買いに行った。
小さい、小さい指輪を買った。
ぼくは、もっと大きいのが
よかったけど、
高くて、お金が足りなかった。
お母さんにあげると、
お母さんは、喜んでくれた。
「きれいやねえ。」
と、うれしそうな声で言ってくれた。
ぼくは、
「うん。」
と答えた。
宝石とかダイヤモンドは
なかったけど、
お母さんの指で、かがやきよった。
やっぱり、指輪は
きれいやねえ。

かみ形

江陽小四年　立花宗一郎

土曜日にさんぱつをした。
ぼくは、行く気がないのに
お父さんに連れていかれた。
かみを切られたくなかった。
けど切り始めたら
いやでもなくなってきた。
「丸がりだけは、やめてよ。」
と、お父さんに言った。
終わったら
宇宙兄弟の難波《なんば》ヒビトみたいな
かみ形になっていた。
ぼくがしたかったかみ形だった。
ねぐせで笑われるよりも
こっちのかみ形の方がかっこいい。

佐賀小三年　太田　楽

家出

宿毛小四年　川野　雄大

お母さんにおこられた
むかつくと思って、なみだが出た
家出をしようと思った
リュックサックをじゅんびし、
中に、
マンガとゲームと
えんぴつけずりを入れた
その後
貯金箱のある部屋に行ったら
お母さんに見つかった
「勉強がいやで家出するがに
なんでえんぴつけずり
持って行くが」
と笑われた
ぼくもいっしょに笑った
おこられた理由も忘れてしまった

清水小三年　北代　稀輝

野球

安芸第一小四年　森山　皓貴

おばあちゃんと、
大きな公園へ行った。
周りに何もない場所をさがして、
野球を始める。
ピッチャーは、おばあちゃんだ。
ボールを投げた。
ぼくは、思いっきり、
バットをふった。
カキーン
いい音をたてて、
ボールがとんでいく。
空にすいこまれるように行った。
おばあちゃんも、
「すごいねえ、こうき。」
と言ってくれた。
今までで最高のバッティングだった。

大栃小四年　村田　晴哉

お父さんのせなか

竹島小四年　前田　廉

ぼくたちは、毎日
お父さんのせなかをかいています。
お父さんのせなかは、
ほくろがあって、
少しこげていて茶色です。
ぼくと陸とらなと順番にかきます。
左手のつめをたてて、
ねこがかべをひっかくように
ぎしぎしかきます。
お父さんは、ずっと
ねっころがったまま
「右」とか「左」とか「上」とか
めいれいしてきます。
少しでもちがうと
「もっと右。」
おこった声で言います。
お父さん、
ぼくのせなかもかいてや。

ハゼにことうた

久礼小四年　山本　陽仁

ジャングルジムの上で
ハゼの葉だと知らず
草笛をふいてしまった。
男子ほぼ全員のほっぺたが
真っ赤になってきた。
特に一番先に
草笛をふいたそうくんは
すごく真っ赤になって顔がはれ
とうとう病院に行った。
もう先生
ハゼにことうたちや。

香我美小二年　篠原　莉玖

夜きんの日

行川小四年　宮地　美宏

今日は、お母さんが夜きんの日だ。
「そろそろ行くき。」
げんかんからお母さんの声がした。
わたしは、
急いでバイクのかぎを持って、
サンダルをはいて、下へおりた。
いつもどおりシートのかぎを開けて、
ヘルメットを取って、
お母さんにわたした。
お母さんが先にバイクに乗る。
お母さんとハンドルの間に、
わたしも乗る。
お母さんとくっついているから、
せ中がぷにゅぷにゅしてあったかい。
「何時ごろ電話してくれる。」
「八時から九時半までの間。」
ゆっくり進みながら、
お母さんと話をした。
ちゅう車場の出口まで来た。
いつものようにバイクをおりた。
「バイバイ、気をつけてね。
がんばってきいよ。
バイバーイ。」
お母さんが見えなくなるまで、
ずっと手をふっていた。

波介小六年　野村　采未

晃成君、ごめんね

長岡小四年　中山　綾都

晃成君と遊ぶ約束をしていたのに、
そのことをすっかりわすれて、
力士君とまのあ君と遊んでしまった。
家へ帰ると、お父さんが
「晃成君が家に来ちょったで。」
と言った。
（あっ、遊ぶ約束しちょったがやった。
　晃成君ゆるしてくれるろうか。
　ゆるしてくれんかったら
　どうしよう）
おこられそうで、
夜あまりねむれなかった。

朝、ランドセルから
荷物を出しているとき、
となりに座った晃成君に
「昨日ごめんね。わすれちょって。」
小さな声で言った。
晃成君は
「いいよ。」
と、やさしく言ってくれた。
元気が出た。

吾桑小三年　谷脇　千太

オレンジ牛にゅう

野市東小四年　公文　周漢

「朝ご飯に
オレンジジュースと
牛にゅうを合わせて
オレンジ牛にゅうにして
飲むとよい。」
と教科書に書いてあったので
ためしてみた。
結果は、まずかった。
ふつうに
オレンジジュースと
牛にゅうの味がするだけだった。
体にいいと書いてあったから
がまんして全部飲んだ。
もうちょっとおいしかったらな。
でも、その日は元気が出た。
オレンジ牛にゅうのおかげやな。
味はそんしているけど、
こう果はすごいな。

イヤッホー

下田小四年　山本　海呂

知り合いが船の船長だから
乗せてくれた
スピードを出したら
船の上まで水しぶきがちってきた
船が上下にはずむ
立っていられない
「イヤッホー
　水しぶきも気持ちいい
　サイコーだぜ」
「運転してみるか」
船を運転させてもらった
でも楽しい
りょうちゃんが言った
「もぐって貝とるか」
「やるやる」
貝が十五ことれた
「売れば四千から五千円するぞ」
帰って塩焼きにした
このうまさはやっぱり
イヤッホー

野市東小三年　吉村　陽

ぼくのお手伝い

吾北小四年　下元　颯太

ぼくのお母さんは病院で働いている
ハアー
とため息を時々つく
仕事が大変だったんだ
（よし、明日からお手伝いをしよう）
次の日、学校から帰ると
さっと宿題を終わらせた
さあお手伝い開始
初めに、食器洗いをした
次に、お米を洗いごはんをたいた
お母さんが帰るとかたもみもした
お母さんが、
「ありがとう、助かる」
毎日、仕事や家のこと大変なんだ
お母さんも仕事がんばってよ

中村小三年　北村　晃大

一輪車

土佐町小四年　石川　煌牙

二十分休み、一輪車に乗った。
黒いふつうの高さの一輪車を選んだ。
スピードが速かった。
（やりすぎたな）
と思った。
足がぐるぐる動いた。
あわてて、こけそうになった。
必死にこいだ。
一輪車がぐらぐらゆれた。
いつの間にか、すごく乗れた。
登りぼうから鉄ぼうまで乗れた。
今までの一番の記録だ。
タイヤのあとが、
ぐにゃぐにゃと長くついていた。
もっと、うまくなりたい。
まだまだ、やりたくなった。

三原小四年　岩﨑　茜

くやしかった

高石小四年　沖田　海聖

ソフトボールの試合の日。

「ヒットを絶対に打つ。」

強気でお父さんに言った。

「そんなに打てんで。」

お父さんの言葉を聞いて、
不安になった。

いよいよ試合が始まった。
ぼくたちは先こう。
打順がすすんで、
とうとう、ぼくの番になった。
ツーストライク、
おいこまれている。
ランナー二、三るいで、
ヒットを打てば点がとれる。
ぼくは弱気になった。
「かい、弱気になるな、
　バットをふれ。」
おうえんするお父さんの声がした。
ぼくは、バットを思いっきりふった。
ビュン
バットの音が聞こえた。
三しんだった。

おちこんでベンチにすわると、

「おしかったぞ、次は打てる。」

お父さんが笑顔ではげましてくれた。

（次は練習して打つぞ）

うまいバッターのふり方を見ていた。

泉野小五年　佐藤　咲那

私の家でも異物混入

潮江南小四年　宮田　陽佳

お母さんと、
異物混入の話をしていた。
マクドナルドのことだ。
ばんご飯を食べながら、
「人の歯や、プラスチックが
　入っちょったらしいで。」
お母さんが言った。
「ベビー商品にコオロギも
　入っちょったと。
　こわいよねー。」
私が言った。
白ご飯を食べよったら、
あったためるのに使ったラップが、
入っちょった。
私の家でも異物混入や。

大川小四年　近藤　樹

楽しいひみつきち

枝川小四年　岡林　諭生

大人にないしょで
つくったひみつきち
クラスの友達と
二日でしあげた

気持ちが暗いときには
ぜったいに来る
中はどっきりショーや
おばけやしきがある
だから気持ちが明るくなる

雨が入ってきたりするけど
ぼくはひみつきちが
大好きだ

新しい家

伊尾木小四年　佐々木遥香

「わあ、木の香《かお》り。」
初めて入ったとき
家中木のいい香りがした。
自分の部屋もある。
お姉ちゃんの部屋は、黄緑で、
わたしの部屋は、水色だ。
カーテンの色に合わせて
水色を選んだ。
ロフトもあって
広くてかくれんぼがいっぱい出来る。
今までは
みんなでいっしょにねてたけど
今は、一人でかいてきだ。
だけど夜、
弟が新しい家に
らくがきをした。
「せっかくきれいな家なのに。」
わたしは、新しい家を
大事に使っていこう。

小学校 高学年

穴内小で

戸波小で

高岡第二小で

上川口小で

大栃中で

行川小で

中央小で

楠目小で

赤野小で

小学校 高学年の詩を読む

◆五年生◆
自分の内面を映し出す

家族や社会のできごとに目を向けた、五年生らしい詩をたくさん読ませていただきました。

中でも強く印象に残ったのは、事実をしっかりと見つめて、ありのままを描いた作品です。「牛の手術」は、手術に立ち会ったときのおどろきと感動が短い言葉でつづられていて、はく力があります。体験したことの尊さがきわだつ作品でした。災害の後の様子をていねいに描写した「台風十二号」も、作者の目で見た被害が、人の営みと結びついているのを感じます。


家族の仕事を間近で見たり、実際にやってみたりすることを通して、仕事のすばらしさに気づく作品もありました。「ぼくもなりたい」には、父の姿にあこがれを抱く気持ちが表れています。「おかみの修業」からは、母の後ろ姿をながめながら、大変な仕事をしたうえでまだ修業をしたいという強い思いが感じられます。

また、兄や姉として、妹や弟を気づかう作品も多く寄せられました。「ヘリラジコン」には、兄として弟を思うやさしさが描き出されていてほほえましいです。「いのしし」からは、近くまでせまってきたいのしがこわくてたまらないのに、妹を守りたいけなげな姿が伝わってきます。

詩は場面の切り取りが大切です。むだな言葉をそぎ落とし、見たことしたことをありのままに書くことで、自分の内面を映し出すことができるのです。


（山岡ゆかり）

安和小二年　越　祐葵

Q しつもん

詩を書くとき「自分のことばで」とか「ことばを選んで」書くように言われますが、どういうことですか。

A こたえ

児童詩は、ある場面の出来事やその時の自分の考え、気持ちなどをはっきり、ずばりと表すものです。そのため、どんな言葉を選んで使うかはとても重要です。

他人の言葉をまねて使ったり、やたらむずかしい言葉を使ったり、流行の言葉を使って気持ちや思いを書くのではなく、自分のことばで書くのです。

「自分のことば」で書くというのは、思ったり考えたり感じとったりしたその時々に、心に浮かんできた言葉、思わず声になって出た言葉を、そのまま素直に書くということです。自分の生活や体験を通してふだん使っている言葉で、まずはどんどん書いてみましょう。

◆六年生◆
自分の心をみつめる

小学校の最上級生として活やくし、中学校への進学という新たな一歩をふみ出そうとしている六年生から、今年は七八一編の詩が寄せられました。そこには、家族との関わりや、六年生ならではの受験や卒業、たて割り班の班長としてのがんばり、そして介護や防災、戦争など社会に目を向けた作品がいきいきと書かれていました。

「おかえり、お父さん」「お父さんの背中」は、お父さんを尊敬する気持ちや、お父さんと過ごすかけがえのない時間をむだのない言葉で表現しています。二つの作品からは、心の温かさや家族への思いがしっかりと伝わってきます。「反抗期かもしれない」「クシャクシャ」は、今の六年生がかかえている忙しさやストレスに正面から向き合い、乗り越えようとする力強さが感じられます。

「いつまでも元気でいてね」は、だんだんと忘れやすくなるおばあちゃんへのやさしい心が、最後の行にあふれていて胸をうたれます。「きらいだったけど」では、防災学習であらためて命の大切さを学ぶことによって、訓練をがんばる作者の成長が伝わってきます。

詩を書くときには、あれこれ説明せずに書きたいことをズバリ切り取って、短い言葉で書きましょう。その時の様子が目に見えるように見たこと、したこと、聞いたことをありのままに書くことで感動がより伝わってきます。今しか書けないねうちのある詩をどんどん書いていきましょう。

（伊藤　有里）

具同小二年　森本　妃葵

幡陽小一年　形岡　美海

おたよりコーナー

やまもも38集「ぼくは　がんばりゆう」感想カードから

第38集『やまもも』を楽しく読ませていただきました。子どもの絵や詩が素直に、そしてストレートにひびいてとてもいいです。大人にはなかなか書けません。最初は新聞に載っていた昔の『やまもも』の詩を読んで興味をもったのですが、今の子どもたちにも感性豊かな詩が書けるんだと思いました。私の子どもたちにもこんな詩を書いてほしいです。

〈好きな詩〉「ついてこんとって、いらいら虫」（22ページ）「しんぶんをよんだ」（43ページ）「うそつき」（230ページ）

（四万十市・山本多恵さん）

わたしは、たんさくぶんがちょっとにがてなので、いろんなかきかたがあることがわかってとてもうれしいです。これからもつづけてください。

〈好きな詩〉「まほうのつくえ」（28ページ）

（一宮小2年・小松真木夏）

牛の手術

川北小五年　曽我　優花

長ぐつをはいてヤッケを着た。
今日は、手術の助手をする。
準備物も多くたいへんだ。
私は点てきの液をかえながらそう思った。
じゅう医さんが牛の右ばらをメスで切った。
長さは三センチぐらいあった。
手を切り口につっこむと牛は暴れた。
痛かったのだろう。
私も手を切り口からつっこむ。
中はとてもあたたかかった。
じゅう医さんが
「これが腸。」
と教えてくれた。
手術は順調に進んだ。
終わりに、ぬわしてくれた。
きん張しながらも成功した。
私は、ほっとした。

きん張感のある書き出しです。事実をありのままに書いたからこそ、命を大切にする手術の迫力が伝わってきます。

台風十二号

加茂小五年　大﨑　愛深

坂を下りたら土だらけになっていた
土の山に丸太がささっていた
家のかべも外れていた
水路の水もにごっていた
土で道路もふさがれていた
近所の人たちが
口を開けて
ただぼーっと見ていた
家から見ると
田んぼが海のように
広がっていた
救命ボートで
家から出てこれない人を
助けに行っていた
台風がいつ来るか分からない
前もレストラン高知や役場が
つかっていた写真も見た
いつ来てもいいようにそなえておきたい

書き出しから台風被害の事実をていねいに書いているので、愛深さんのおどろきが伝わりました。本当に台風はこわいね。

よりによって

舟入小五年　山中　悠加

「悠加さん。」

先生に当てられた。

答えが分からない。

席をゆっくり立った。


足が重い。

先生に持たされたチョークはもっと重い。

きん張して、手が少しふるえていた。

「分かりません。」

みんなに言いたかった。

でも、言えなかった。

ぞくっ。

せなかには、みんなの視線。

黒板にゆっくり答えを書いた。

「他にもあります。」

いっせいに手が挙がった。


早足で席に帰った。


泣きたかった。

必死にこらえた。

なんで、答えが分からんときに
当てるがやろう。
分かっているときは
見向きもしてくれんのに。

高知市・昭和小三年　島崎　楓花

きん張と不安とはずかしさでいっぱいの様子が、ひしひしと伝わってきます。題も、悠加さんの心境をぴったり表していますね。

ヘリラジコン

吾北小五年　山本　一颯

ガーンガシャ
うわ、まずい、いやな音
「あーこわしちゃだめ」
弟が誕生日に買ってもらったヘリラジコン
弟はラジコンに
「こわれてない、こわれてない」
と必死に話しかけた
「だいじょうぶ、こわれてない」
と言ったけど
一番びっくりしたのはぼくだった
そう作していたのはぼくだったから
もう一回やってみた
下のプロペラは回ったけど
上のが回らない
完全にこわれてる
弟はすごくおこってぼくをおそってきた
細長いダンボールの切れはしで
ぼくをたたこうとした
ぼくは、必死でにげたけど
つかまって
弟の気がすむまでたたかれました

十市小一年　手島　正喜

弟の大切な物をうっかりこわしてしまった一颯さん。弟のいかりが分かるからこそ、すまない気持ちでたたかれ続けたのでしょうね。

ぼくもなりたい

潮江東小五年　德廣　文太

「重い。」
右手にてかぎがくいこむ。
せりにかけられたマグロを
二人がかりで台車に乗せた。
「こんなもんさっさと持って来いや。」
笑いながらお父さんが言った。
お父さんはそのマグロを
左手一本で、でかいまな板にのせた。
次にマグロに水をかける。
のこぎりを右手に持って、
マグロの頭を切り落とした。
お父さんの軍手がマグロの血で赤くなる。
頭を切り落とすと包丁に持ちかえた。
マグロのおなかに包丁をさしこむと
一気にえらのところまで包丁を動かす。
内臓を取り出すと
赤身、中とろ、大とろと
包丁一本でどんどん切り分けられていく。
早くて正確な包丁さばき。
ぼくもいつかこうなりたい。
お父さんはぼくの大きな目標です。

お父さんの仕事の姿をよく見ている目がすばらしいです。かっこいいお父さんにあこがれる文太さんの気持ちが伝わります。

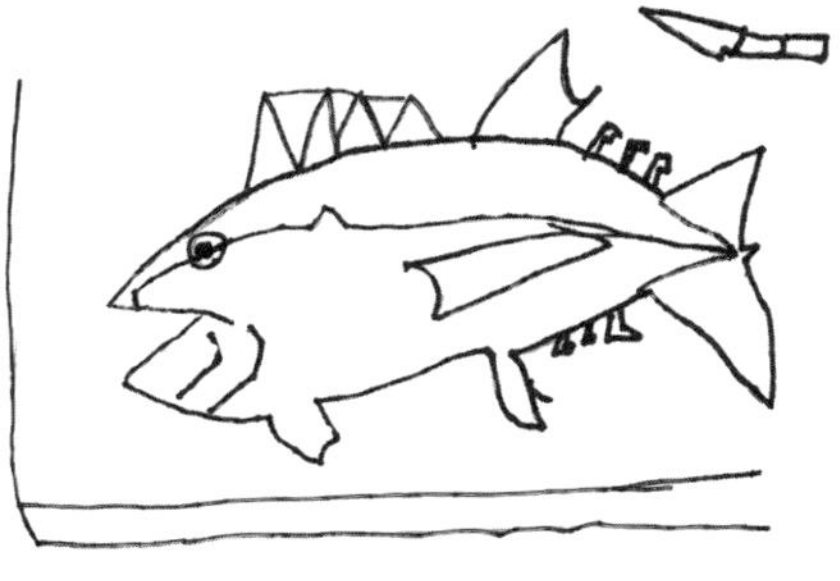

土佐町小一年　川村　叶愛

おかみの修業

中村小五年　尾﨑しずく

私の家は、旅館をしている。
休みの日は手伝いをする。
一番大変なのは、ふとんしき。
何枚もあると大変。
今日は四万十ウルトラマラソンの日。
ランナーで客室はいっぱい。
だから朝食の準備の手伝いをした。
ランナーは朝三時に起きて朝食を食べる。
ねむかったけど、
しゃけを三十人分全部もりつけした。
次にサラダももりつけた。
みんなでやって、やっと完成した。
どたっとたおれそうやった。
お母さんたちは、
いつもこんなことをしているんだな。
私の将来の夢は、旅館のおかみ。
これからもっと修業して、
たくましくなるけんね。
お母さん、任せちょって。
旅館、つぐけんね。

三浦小五年　吉尾　沙良

朝早くから大変な旅館の仕事。最後までがんばる強さに感心しました。すてきなおかみさんになりそう。お母さんも安心ですね。

いのしし

浦ノ内小五年　池田　翔空

夜、ふとんに入って、
しばらくしてのことだった。
ボキッ、バキッ
「ん。何だ、この音は。」
横を見ると、妹がおびえて泣いていた。
まだ、例の音が続く。
すると、今度は
ブルルルル
という声が聞こえてきた。
何だ、これはいのししだな。
ここでうろたえたら、
お兄ちゃんとしてかっこ悪い。
妹が、ぼくに、
「何とかして。」
と言ったが、何もできない。
ぼくは、しかたなしに、
「だいじょうぶよえ。」
と言ったが、効果はぜんぜんない。
妹は、しばらく泣いていた。
そのうち妹は、つかれてねむったようだ。
ごめんよ。
ぼくは、もっと妹を助けてあげたいと思った。

翔空さん、がんばったね。自分のことより妹を一生けん命に守ろうとするお兄ちゃんは、優しく、たのもしいですね。

橋上小三年　小松　剛基

弟との初めての自転車登校

松田川小五年　坂本七胡実

十一月になって
やっと弟が自転車で登校するようになった。
前のばんから弟はわくわくしていた。
私はちょっとどきどきしていた。

いよいよ出発。
私は後からついて行った。
横断歩道を渡った所はせまい道。
おまけに山ぞいの道。
「かべにあたらないように
　気をつけて行って。」
と言うと、スピードを落とし
無事に通りすぎた。
でも、ふらふら進んでいる。
次は坂道をくだって急カーブ。
すごいスピードでおりて、そのまま車道へ。
「そっち通ったらいかん！」
とさけんだけど、
「そんなこと言うても通る。」
ふらふらしながらこぎ続ける。
「歩道通らないかん。」
「出たらいかん。」
とさけびながら、後をついて行った。
いつもより
あっという間に着いた。
とにかくけががなく
無事着いてよかった。
でも、帰りはだいじょうぶかな。

伊野南小一年　藤田　晃己

通り慣れた道なのに、気が気じゃなかった理由が分かったよ。弟を優しく見守る七胡実さんのまなざしが言葉や行動に表れています。

神祭の日

後免野田小五年　田口　雷士

ぼくの役は、
ししの中で音を鳴らすことだ。
さっそく中に入った。
ししの中から外を見る。
なんかわくわく。
小さい子は、ぼくを見て
大声でエーンエーンと泣いている。
かわいそう。
家の中で、
カッカッと鳴らしたら、
おじいちゃんとおばあちゃんが笑顔で
「ありがとう。」
「がんばりよ。」
と言ってくれた。
みんなのはげましの言葉で、
さらに気合が入った。

ししの中に雷士さんが入っていることにびっくりしました。地いきの一員として、祭りの大役を立派に果たしましたね。ご苦労さま。

泣きそうになった

上川口小五年　田邊　永遠

今朝、
小野川校長先生が亡くなったことを聞いた。
ぼくは胸が張りさけそうだった。
前に、
なやみごとがあったとき、
校長先生に、
「いっしょにお弁当食べていいですか。」
と言うと、
「ええよ。」
と言ってくれた。
話したあと、
「いやなことがあったらまた来てね。」
とやさしく言ってくれた。
退院して元気でいると思った。
急に校長先生が亡くなったと聞いて、
泣きそうになった。

永遠さんの詩から、優しく温かい校長先生の笑顔が浮かびます。もう会えないのは悲しいけれど、きっと見守ってくれていますよ。

先生のくせ

黒岩小五年　馬場　真由

「くすくす」
友達が笑っていた
「どうしたが？」
と聞くと、
「先生見て」
と言った
見ると、黒板に書きながら
おしりが左右にフリフリゆれている
むっちゃおもしろかった
次の時間は体育
なわとびの授業だった
また、友達が笑っていた
「どうしたが」
と聞くと、
「先生見て」
と言った
すると、先生が大なわをまわしながら
リズムにのってこしを左右にフリフリ
笑いがとまらなかった
先生は、次の日も次の日も
ふり続けている
先生！
そのくせ直したほうがいいで

大島小三年　山本　結愛

先生はこのくせに気づいているのか、いないのか。先生のすがたを見て笑い合える、あったかいクラスのふんい気が伝わってきます。

弟

三里小五年　関澤　凪海

弟は一才になったばかりだ。
最近五、六歩、歩くようになった。
「すごい、すごい。」
と、ぼくが言うと、
笑ってこっちへ向かって来る。

「すごい、すごい。」
いつものようにリビングで言うと、
笑ってこっちへ向かって来た。
そして、顔を思い切りつねった。
弟はニタリと笑った。
すごく痛《いた》かったけど弟なので許した。

最近、なぜか分からないが、
暴力をふるう。
でも、歩くように
成長したことがうれしい。

何をされても許してしまうのは、一つひとつが弟の成長だからですね。かわいくてたまらない様子が伝わってくるよ。

中村小三年　伊與田真寛

ありがとう

日章小五年　竹島　未菜

「いっしょに走ろう。」
ひなたちゃんとはるかちゃんが、
朝マラソンにさそってくれた。
いっしょに走り始めた。
ハアハア
二人に必死について行った。
息ができなくなるぐらい、
いっしょにがんばった。
「もう無理。」
と言うと、ひなたちゃんが
手を引っ張って行ってくれた。
なみだが出そうなくらいうれしかった。
毎日いっしょに走っていたから、
駅伝大会の代表発表のとき、
三人の名前が呼ばれた。
とびはねるくらいいっしょに喜んだ。
一人で走っていたら、選ばれていなかったよ。
いっしょに走ってくれてありがとう。

久礼田小二年　明神　天香

友達の何げない一言や行動が、大きな大きな力になったのですね。素直に「ありがとう」と言える未菜さん、とてもすてきです。

かくり

野市小五年　野口　絵美

お父さんがインフルエンザになった
弟は小さくてうつったら大変
やき、お父さんをかくりした
お父さんがねゆう部屋の
となりも使わんかった
話すのにも電話を使った
お父さんがそばに来たとき、お母さんが
「あんたなんで来るが
　正樹にうつったらどうするが」
お父さんはせきをしながらもどった
おとなしくして早く治しや

家族がインフルエンザになると大変です。しっかりかくりした様子がよく分かりました。ちょっとかわいそうですが、仕方ないですね。

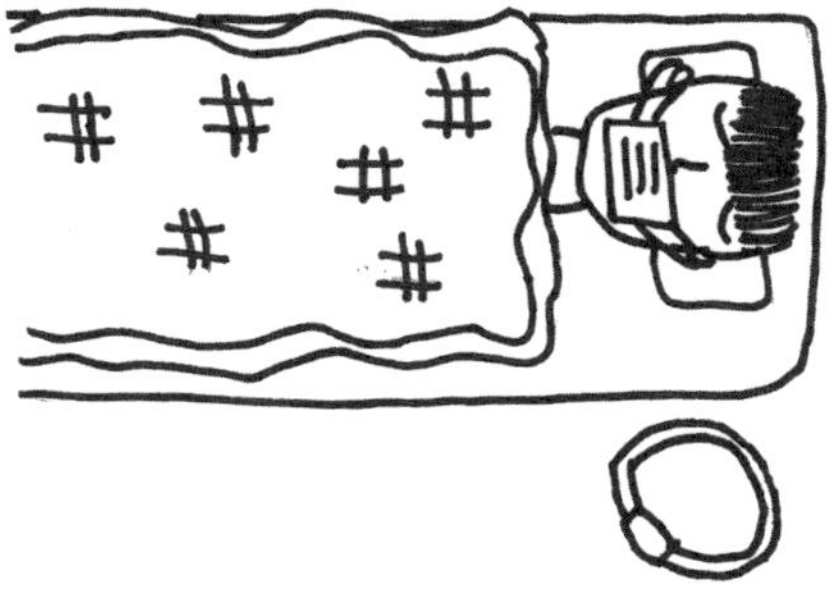

第六小五年　濱川　海翔

教頭先生に勝った

新居小五年　明神陽奈子

今日は、担任の川田先生が出張中。
だから、今日一日教頭先生が担任。
二時間目の算数の時間、
「先生は天才だから、
　この数字は三で割れることが分かります。
　でも、こっちは割れません。」
と言った。
みんなは、
「えー。何で?」
と言った。
「はー。やっぱり天才君が教えちゃらなねえ。」
みんな大笑い。
「これはすべての位を足した数が
　三で割れたら、
　三の倍数ということになるが。」
でも、教頭先生は自分でかけ算が遅《おそ》いと言う。
実際にかけ算をすると、
私らあの方がずっと速い。

私が、
「先生はかけ算が遅いけど、
　私らあは速いき、
　先生より上の天才や。」
と言ったら、
「いや!負けた!」
と言った。
やったー、教頭先生に勝った。
これからも負けんきね。

大津小五年　下本　真希

楽しそうなクラスの様子や教頭先生のユーモアが伝わってきます。こんなやりとりがあると、きっとみんな算数が大好きになりますね。

お母さんの笑い

高知小五年　大岩　由奈

だるい
朝起きてそう思った
もしかして、これは
今流行のかぜではないのか
そう、インフルエンザだ
去年もかかったのに
今年もそうながやろか
マジ勘弁《かんべん》してもらいたい
とりあえずお母さんに報告した
「熱、測って」
返ってきた言葉は一言だけやった
単純《たんじゅん》に冷たいのか
さすが看護師《かんごし》だからなのか
どっちか分からんかった
三十八度八分
「インフルエンザやね」
病院に行く前に
お母さんにしんだんされた

でも
私の中に
ちがうかもしれんという期待があった
「インフルエンザA型ですね。お大事に」
がっくりきた
二年連続になってしまった
お母さんの言ったことは当たった
後ろを向くと
お母さんがにたっと笑った

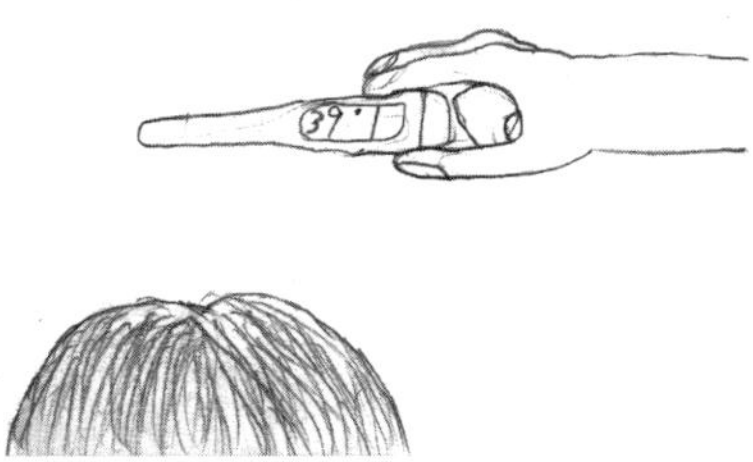

夜須小六年　岡村　有徒

熱が出てつらいときでも、お母さんの様子を見のがさずに書けていますね。さすがプロ！お母さんの得意そうな顔が目に浮かびます。

手紙

潮江東小五年　川田　ララ

つくえの引き出しの中を整とんしたら
水色の手紙が出てきた。
手紙には、
お母さんあてに
「いつもありがとう。」
と書いてあった。
二年生のころに書いたけど
わたすのを忘れていた。
今わたそうかなやんだ。
正直、わたしづらい。
最近のわたしは
お母さんに生意気なことばかり言っている。
本当は感しゃしているけど、
今わたすのは少しはずかしい。
二年生のころのように
素直になりたい。
いつも思っているよ。
お母さんありがとう。

以前の手紙で、自分の心の変化に目を向けたのですね。感謝を伝えられない照れくささ、よく分かります。それも成長したあかしです。

尾川小五年　片岡　涼

出港祭

大湊小五年　浜田萌々子

二十八回目をむかえた出港祭。
今年は、私たちが朗読をする。
着物を着て土佐日記を読むのは、
わくわくする。
学校で何度も練習したから
すらすら読めるようになったけど、
読み始めは、やっぱりきん張した。
みんなの視線が自分に向けられている。
二行目になると、落ち着いてきた。
「びゃくさんをあるものよのまとて、
　ふなやかたにさしはさめりければ……」
の意味がよく分からないまま読んだ。
すらすらとつまらずには、読めた。
紀貫之《きのつらゆき》と紫式部《むらさきしきぶ》の人が、
感想を言ってくれた。
ほっとして、体の熱も下がった気がした。
地いきの人たちと市長さんが
始めてくれた出港祭。
おばあさんたちが手作りでぬってくれた着物。
歴史を感じられて、良かった。

加茂小六年　保木　雛子

地いきの行事はそこでしか書けない題材です。祭りの様子をありのままに伝え、ふるさとの良さを広く発信することができましたね。

とんでけ、しもやけ

北原小五年　渡辺　優菜

「ああ、もういや。たまらん。」
今年もまた、しもやけの季節がきた。
足の指が全部はれた。
真っ赤に太って、まるでウインナーだ。
宿題しゆうときに
「ああ、かゆい、かゆい。」
とさけぶと
「もう、ハンドクリームでもぬっちょきや。」
と、ママが言う。
ぬってすぐ効く薬はないろうか。
そんな薬、だれか発明してくれんろうか。
授業中、思いっきり、ぎゅうっと
上ばきでふみつけている。
勉強に全然集中できない。
先生、テストの点が悪かっても、
おこらんとってよ。
しもやけのせいやきね。
もう、うっとうしい。
毎年、毎年。

がまんできないしもやけになやんでいる優菜さんの思いがたんたんと書けています。春はもうすぐ、気合でふきとばそう。

先生をおこりたい

東中筋小五年　赤松　成

校長先生、教頭先生聞いてください。
ぼくは理科の授業のとき、
分銅を落としてしまいました。
そしたら、先生にすごくおこられました。
わざとじゃないのにとてもおこられ、
くやしかった。
頭に血がのぼっちゃいました。

何日かたって
また、てんびんの授業をしました。
そしたら次は、先生が分銅を落としました。
ぼくは、おこりたかったたし、
（あーあ、やっちゃった）
けど先生は全部かんぺきな神様じゃなくて、
よかったです。

校長先生、
生徒も先生をおこれるようにしてください。

素直な思いがそのまま詩になりました。先生もかんぺきじゃなくてよかったというところに、成さんの温かさを感じます。

目標

枝川小五年　永野はる音

今年の目標は、
授業でたくさん発表をすること。
（こんな目標をたてても、
　苦手だから、達成できそうにないな）
わたしの本当の気持ちがゆれ動く。
答えが分かっていても、
この手は、なかなか挙がらない。
勇気がない。
自信がない。
でも、本当は、挙げたいのに。

なぜか手を挙げた国語の授業。
その詩を読み終わると、
みんながはく手をくれた。
気持ちいいと感じた。
うれしくて、すっきりした気分になった。
（どうして今まで挙げられなかったの）
今までの弱い自分にぎ問がわく。

わたしは変わった。
これからは、どうどうと手を挙げるんだ。
目標は、達成できそうだ。

江陽小四年　宮内　彩羽

自分自身の心のゆれをしっかりと見つめた詩です。不安を乗り越えたはる音さんの成長と支えてくれる仲間のすばらしさが分かります。

はずかしくて、しょうがないけど

秦小五年　若松　麻人

とてもはずかしい
やっぱりはずかしい
暗唱集会の司会がとてもはずかしい
みんなに見られ、
ど真ん中に立つ
セリフを言うと、こちらを向く
その中で暗唱集会を進める
ほかの学年に負けないようにがんばるが、
きんちょうして良い声が出ない
ぼくの心には、聞こえてないけど
「早くして」
という言葉がひびいていた
心を込めて司会をした
とてもはずかしいけれど慣れたらかんたん
最後には、
みんなの目線も
がんばれと合図を送ってくれた
そのおかげで、
ぼくは元気ないい声が出せた

時間がたつとどきどきがおさまり自信に変わった様子が、よく書けています。みんなの合図は麻人さんのパワーとなったことでしょう。

三里小一年　山本　佳歩

まさか、じいちゃんが

宿毛小五年　和田　颯太

ピーポーピーポー
救急車が、とつぜん見えた。
むかってくる。
しかも、四季ノ丘で、曲がるのが見えた。
「四季ノ丘や、ぼくのじいちゃんかも。」
と、ぼくは、じょうだんぬきで言った。
不安になってきた。
ぼくは、自転車に乗って帰った。

ぼくの家の前に救急車がとまった。

また、不安になった。

家の中にとびこむと、ばあちゃんが、

「気分悪いけん、じいちゃん病院行くけん。」

と言った。

「だいじょうぶ。」

と、じいちゃんに言い聞かせた。

家で一人になって、せんたくものを入れて、
ご飯を作った。


救急車が自宅に近づくときの不安、よく分かります。その不安が現実となってもしっかりと行動できる颯太さんの落ち着きが頼もしいね。

高岡第一小五年　山口孔太郎

リアルバラエティー

大川小五年　吉本　凌

バラエティー番組で
クワガタで鼻をはさんでいる
芸能人を見た。
ほんまにいたいんかなあ。
ぼくはためしてみることにした。
ちょっとこわかった。
しかも、使うのはノコギリクワガタ。
でも勇気をふりしぼってやってみた。
ノコギリクワガタのあごを
鼻に近づけた。
いかくしている。
ガッギチギチギチ
いたい。
ぼくはのけようとした。
しかしいくらひっぱっても
のきそうにない。
ぼくはむりやりのけた。
鼻がもげそうだった。
少し血も出ていた。
もうぜったいやらんとこう
と、固く決心した。

まきわりの手伝い

田ノ口小五年　津田　渓斗

パーン
じいちゃんがまきをわる音
ぼくもやってみたくて外に出た
ぼくの家はまきストーブだから
まきがいる
じいちゃんは、
そのまきをわっていた
じいちゃんはぼくにやらしてくれた
ふしのないわりやすい木を
選んでくれた
「まん中にあたったらわれるで」
ぼくはおのをふりおろした
パーンといって木がわれた
すごく気持ちよかった
そのあとも何本かわらしてくれた
そのことを、父さんに話すと
ほめてくれた
「じいちゃんが、
　まきをわれなくなったら
　渓斗がまきをわれるなあ」
と言ってくれた
あしたは、もっとわるぞー

ルパン三世の歩き方

鴨田小五年　百々　遥

私がろうかを歩いていたら
六年生の二人組の男子が
「おれのあこがれている
　ルパンの歩き方はこうや！」
と、がにまたで歩いた
私は（にてるな）と思った
すると、もう一人が
「おれのあこがれている
　ルパンの歩き方はこうや！」
と内またで歩いた
私は思わず笑ってしまった
頭の中で、
（私のあこがれている
　ルパンの歩き方はこうや！）
と思った
でも、はずかしくて言えなかった

新荘小四年　下元　陽太

ぼくの妹

中村南小五年　田辺　生

ぼくには、八才年下の妹がいる。
生まれる前、
本当は弟がいいと思っていた。
いっしょに
プロレスがしたかったから。
でも今、妹と毎日
プロレスをしている。
妹は強い。
お母さんのように強い。
生まれたときは、かみの毛がうすく
男みたいだったけれど、
今ではかみの毛を二つに結んで
とてもかわいくなってきた。
妹の言うことは、みんなが聞く。
わが家のお姫様だ。
お嫁さんに行くとき、
お父さんもお母さんも
お兄ちゃんもぼくも
泣くだろうな。

高岡第一小三年　北岡　逢理

絵がのった

尾川小五年　岡村　柚那

『やまもも』に絵がのった
お母さんに知らせると
「よかったやん」
と言ってくれた
「ひばあちゃんが
　車いすに乗っちゅう絵で」
と言うと、お母さんが
「その『やまもも』買おう」
と言った
おばあちゃんは
「ひばあちゃんに似ちゅう」
と言った
絵がのるのは初めてだった
絵をひばあちゃんに
見せてあげたい

畑仕事

大篠小五年　池田　太晴

ざっく、ざっく、ざっくり。
今日は、畑仕事。
まずは、土を耕した。
次に、草を引いた。
なんだか、
めんどくさくなってきた。
それでも、ぼくはがんばった。
そのうち、弟がばたっとたおれた。
びっくりして弟を見ると、弟は、
「暑い。」
と言っていた。
でも、弟をほったらかしにして
畑仕事を続けた。
最後にすべての草を引いて終わった。
すべて引くとなにかすっきりした。
家に帰ると弟がねていた。
だいじょうぶかな？

吾北小一年　伊東　大悟

松井先生は厳しい

佐喜浜小五年　藤本　大

ぼくは、誰《だれ》が先生かどきどきしていた。
朝の集会で担任の先生が発表された。
四年のときの先生は、
三、四年の担当になった。
みんな言われて
最後に残ったのは松井先生。
英語や家庭の教科書もあった。
ぼくは、無理だと思った。
授業は始まった。
忘れ物をすると厳しかった。
授業はとても厳しかった。
帰りの会のときは、日記を書いた。
五十個も漢字が必要と言われた。
何とか五十個あった。
そうして一日目が終わった。

今は一月、だんだん慣れてきた。
勉強は簡単だし
連絡帳もすらすら書ける。
日記も漢字が五十個以上になった。
出来なかった事が
出来るようになった。

きたいはずれ

高岡第一小五年　和田　風音

ぼくは皿をあらっちゅう。

わけは、母にほめられたいねん。

だからあらうんや。


ぼくは皿をあらい終わった。

そしたら、母が帰ってきたんや。

ぼくは
「皿を一人であらった。」

と言った。

やけんど母は、

「ふつうのことや。」

て言う……。


きたいはずれもある。

けどこんなんは、あかんやろ。

何でほめてくれんのやー。

利益ないからもうあらわん。

私の夢

足摺岬小五年　濱松　灯花

私には夢がある。
ペンキ屋になりたい。
ペンキ屋は
私の父がやっている仕事だ。
私は
父の後をつぎたいと思っている。

このことを決めたとき、
父はぼうしで顔をかくして
「おう、そうか。」
と言っていた。
後で母に聞くと
母も父もうれしかったようだ。

仕事はなりたいと思って
なれるものではない。
父は中学校を卒業し、
塗装工の免許をとったそうだ。
私も同じようには
できないかもしれない。
けれど、私がもっと大きくなって
父といっしょに
ペンキをぬっている姿を考えると
うれしくなってしかたがない。
にこにこ笑っている家族の姿が
見えてくる。
そんな将来を考えると
私もむねのあたりが熱くなる。

ペンキ屋になりたい。

それが今の私の夢だ。

楠目小四年　弘光　美里

男旅

東山小五年　北谷　明翔

お父さんと弟で佐賀公園に行った。
少し遊んで弁当の時間になった。
「いただきます！」
お弁当をあけるとみんなが大好きな
ミートボールが入っていた。
みんなで喜んでいると
お父さんが
かばんをのぞきこんでいた。
ぼくが聞いた。
「何しようが。」
お父さんがしかめた顔で言った。
「はし探しようが。」
えっ？
ぼくと弟はびっくりした。
お父さんは
気をとりなおしたように言った。
「よし！手で食べよう！」
結局弁当は、
はし無しで食べることになった。
少し残念……。
けどいつもとちがう感覚で
手で弁当を食べてみると、
野生にかえったような気分だった。

宿毛小五年　三浦　千怜

成長

野市東小五年　大石　寛子

妹のゆづきが自転車で転んだ。
私はおもわず
プッ
と笑ってしまった。
ゆづきの足から血が出ていた。
でもゆづきは
必死になみだをこらえていた。
そんな妹の姿を見て
成長したなあと思った。
笑ったことを反省した。
笑ったことをはずかしく思った。
小さいときは泣き虫だったゆづき。
本当に成長したねえ、ゆづき。

中耳炎と思ったら

下山小五年　森本　柚香

何日も耳が痛《いた》かった。
じんじんと痛かった。
授業中も耳をおさえていた。
先生の話も、ろくに入ってこない。
中耳炎だったらどうしようと
不安になった。
先生から、
「医者へ行け。」
と言われた。
「こまくに一回、
　穴を開けたら終わりだ。」
と言われるたびに、
おそろしくて、たまらなかった。
ついに先生が、お母さんに言って、
とうとう、病院に行くことになった。
そしたら、病院の先生が、
「右耳より、左耳の方が
　穴が少しせまく
　そこに耳あかがたまっていたため、
　そこをしげきするので、
　痛みがでたみたいです。」
と言った。
お母さんにも、
先生にも、
大笑いされた。

戸波小三年　森　琉偉

おじいちゃんの入院

中村小五年　渡辺　陽斗

ぼくの大好きなおじいちゃんが
入院した。
漁をしていて、
カツオをひいたとき、
ゴキ
肩のすじが切れたそうだ。
おじいちゃんに会いに行って、
「元気。」
と聞くと、
「おお、元気で。」
にこっと笑って答えてくれた。
銀色のアームが肩についていた。
「これ何。ロボットみたい。」
「そやろ。」
おじいちゃんは、にやっと笑った。
リハビリをがんばっている
おじいちゃん。
帰るとき、いっぱい泣いてしまった。
早く治してね。
休みの日に
いっぱいとまりに行くけんね。

いの中のかわず

下田小五年　田村　成海

今日は陸上記録会。
ぼくは走るのがあまり得意じゃない。
今日走る種目は
千メートルと六十メートルハードル。
特にがんばりたいのは千メートルだ。
「本当にできる？
　下田小で速いからって
　満足したらいかんで。」
と、先生に言われていた。
でもぼくはけっこう速いし、
最後にはならんろう
と思っていた。
やっと千メートルの番が来た。
「バンッ」
と、いう音とともにスタートした。
後ろからどんどん人がきた。
結果は最下位だった。
ぼくは
「いの中のかわず」だなと思った。
でもこれからも、
長きょりの練習を続けたい。

じょ夜のかねを鳴らした

土佐山小五年　車　奏哉

去年の大みそか
お寺へじょ夜のかねを
鳴らしに行った。
毎年たくさん人がならんでいるから
はやくできるか不安だった。
だけど、意外にすいていた。
かねをつくとき、
しっかりとなわをにぎり
足を肩はばぐらいに開き
思いっきりついた。
かねの音がひびきわたった。
お寺全体しびれたように
ひびきわたった。
すっきりした。
新しい年が始まった。

宿毛小五年　野口真之介

初めてとべた

潮江南小五年　丁野　羽琉

「羽琉ちゃんとび箱できたやん。」
という先生の言葉で
四段がとべたという
実感がわいてきた。
四段がとべたのは、
ゆう君とよう君のおかげだ。
何かだめなことがあったら、
「ここをこうしたらいいで。」
とずっと教えてくれた。
できなくて、
もうやめたくなったときも、
となりのとび箱を見ると、
けんや君がしんけんにとんでいた。
二人のアドバイスを聞いて、
一生けん命とんでいた。
何回も何回もとんでいた。
だからあきらめずにできた。
授業の残り十五分のとき、
ストンと、
とべた。

久礼田小二年　髙橋ここあ

神祭

穴内小五年　仙頭　玲

十一月六日に
子どももみこしをかついだ。
ぼくは、二回目だ。
本番は歌が聞こえなくて、
両方ずれた。
練習ではうまくいったのに
と思った。
みこしを上にあげるとき、
かたを痛《いた》めてしまった。
公民館でも同じことをした。
よけいに痛くなった。
ＪＡに向かってみこしをかついだ。
今度は持ち上げなかった。
ほっとした。
かついで終わったら、
大人といっしょにござにすわった。
神主さんのおいのりを聞いた。
ぼくは初めてすわった。
来年もすわれそうだ。
今年より上手になって、
みこしをかつぎたい。

通じてる？

赤岡小五年　長田　彩

お正月に
東京のおじいちゃんの家に行った。
お父さんとお兄ちゃんと行った。
おじいちゃんたちがむかえにきた。
「おばあちゃん東京は寒いねー。」
「雪がふるかもよ。」
「やき、
　いっぱい洋服もってきたがやき。」
「そうなんだ。」
「雪ふってほしい！
　高知ではめったにふらんきね！」
「高知はあたたかいからね。」
「そうながって、
　でも北海道ぐらい雪がふったら
　たいへんやね。」
「そうやね……。」
するとおばあちゃんに
「〜やき。〜ながって
　どういう意味なの？」
と聞かれた。
説明しにくかったから、
「とさ弁っていうやつ。」
と、言ってすませた。
東京では、
とさ弁には気をつけちょこう
と思った。

横浜新町小三年　森澤　遥花

まっくらな道

高知小五年　塩田明日香

ピアノの帰り
まっくらな道
自転車でゆっくり走る
（ぞっとするな、一人は）
後ろから車がきた
（ああ、光だ）
ライトで前がよく見えた
けれどそれも一瞬《いっしゅん》だ
すぐ曲がっていった
また暗い道
家の近くに公園がある
そこが一番怖《こわ》い
おばけがいそうだ
自転車が小さい石をふんだ
「ギシッ」という音が聞こえた
背中に寒けがしていそいで帰った
一人ってこんなに怖いのか

せっかくできたのに

加茂小五年　岩本　理緒

たてぶえ練習曲の十七番をふいた。
タンタンタンタンのリズムなのに
下のドがむずかしい。
ちゃんとあながふさがらん。
「あと下のドがでたら合格。」
先生が言った。
あともうちょい。
くやしい。
上のドと下のドをこうごにふいた。
やっぱり下のドがでない。
つばが落ちだした。
やっとふけだしたのに、
かんじんの先生が、
電話をしに行っていない。
せっかくできたのに。

一宮小四年　藤坂　侑那

ぼくは年男

影野小五年　久保田聖那

ぼくは二〇〇三年生まれの未《ひつじ》年
今年初めての年男
人生初の年男は
ちょっと大人になった気分
何だかいいことありそう
「前の未年は何かいいことあった?」
年女のお母さんに聞くと
「聖那が生まれた」
うれしそうに答えてくれた
きっとぼくにもいいことあるな
ますます楽しみ
と思っていたら
元日から待望の初雪
ビデオさつ影で反げきできない
お父さんと
一方的雪合戦を楽しんだり
お姉ちゃんと
雪のベッドに飛びこんだり
おじいちゃんの田んぼの岸を
そりですべり下りたり
雪をかき集めて
かまくらを作ったり
家族で大好きな雪遊びを満きつして
気分は最高
ますますいいことありそう
ぼくは年男
何だかいいことありそう!

伊野南小一年　吉村　栞奈

いつまでも元気でいてね

潮江小六年　島内　利樹

「風呂入った後
　水飲んじょきよ」
おばあちゃんが言う
もう五回目なのに
「はーい」
ぼくは答える
最近おばあちゃんが
同じことを何回も言う
ぼくも何回も返事をする

昔はもの覚えがいいおばあちゃんやった
「スーパーで働いていたときに
『歩く漢字辞典』と呼ばれていたよ」
おばあちゃんから聞いたことがある
うれしそうに話していたのに

今は言ったことを忘れるときがある
仕方ないことだ
おばあちゃん
いつまでも元気でいてください
おばあちゃんが同じことを言っても
ぼくが何度でも答えます

新荘小四年　笹岡穂乃香

年をとるにしたがって記おく力がおとろえていくおばあちゃん。最後の一文に、優しい思いやりの気持ちがあふれている詩です。

自分の気持ち

長沢小六年　山川　夏実

転校初日、
学校から帰ると
お母さんが私をだいて、頭をなでてくれた。
「これから、がんばろうね。」
と、私に言った。

その言葉に胸がジーンとした。
前の学校でのつらかったことを
分かってくれている。
そして、応援してくれている。

前の学校では、
自分の気持ちが言えなかった。
いやな事をいやって言えなかった。
だから、今度は、
自分の気持ちを言おうと、決めたんだ。
お母さん、学校、楽しむね。

今までの自分を変えようと決意し、前向きに生きようとする夏実さんの心に感動します。新たな出発に心からエールを送ります。

お父さんの背中

波介小六年　戸梶　望夢

「がんばってきてね」
お父さんが漁に行くときは私はさみしい
でもその気持ちは
口には出さない
お父さんもさみしくなるから
お父さんは行くとき
私を強くだきしめてくる
（さみしいがかな?）
と思いながら、私もだきつく
「よし、行ってくる」
お父さんは気合を入れて漁に行く
お父さんが船に向かうとき
声をかけても絶対にふりむかない
お父さんの背中は
さみしそうな背中にも見えたし
漁師らしい背中にも見えた
でも私には、やっぱり
お父さんがたくましく見えた

お父さんの背中を見つめる望夢さんの目から、尊敬している気持ちが伝わってくる詩です。むだのない言葉で、すっきりと書いています。

クシャクシャ

潮江東小六年　友竹　涼

カリカリ
えんぴつの音が部屋にひびく。
（何か変、これもだめ）
原こう用紙をはがして
クシャクシャにまるめて捨てた。
中学校の願書に書く作文。
原こう用紙に書いては捨てるの
くり返しだった。
ごみ箱には失敗した紙がつまっていた。
一文一文書いたり消したりしていると
紙が破れてしまった。
書く言葉を必死にさがして、
頭をゴシゴシとかいた。
やっと終わったときには、
一時間もたっていた。
右手の小指はえんぴつで
真っ黒になっていた。

中学校受験に向けて、願書に書く作文を必死で考えていますね。自分の力で仕上げようとがんばる気力がひしひしと伝わってきました。

ひばあちゃん

秦小六年　沖本　七望

ななのひばあちゃんは
いつも笑顔
ランドセルはひばあちゃんに
買ってもらった
ランドセルたたいた人は
許さんよ
ランドセルをせおうと
背中が温かい気がする
ひばあちゃん
ランドセル姿、見てほしかったな
今は見えんところにおるけど
ひばあちゃんは
ずっとずっと
そこにおる
見守ってくれゆう

大好きなひばあちゃんにいつもやさしくつつまれていた七望さん。「ランドセルたたいた人は許さんよ」が胸にじいんときます。

今年の一文字

朝倉第二小六年　西尾　蒼空

今年最後の書写の時間
「今年一年の自分を表す一文字を書きます」
と、先生が言った
「楽」に修学旅行、お楽しみ会
「絆《きずな》」は運動会のよさこい
「努」はマット運動
次々と思い浮かぶけど
ぴったり合う一文字がない
あっそうやあ
鉄棒の逆上がりができたとき笑ったなあ
仮装パーティーで仮装しすぎて笑ったなあ
八段のとび箱がとべたとき笑ったなあ
そうや「笑」や
今年は友達と笑い合った一年や
今年の一文字は「笑」

一年間のさまざまな行事やできごとをふり返ったとき、いつもみんなの笑顔があふれている明るい学級。ぴったりの一文字ですね。

トイレの住人

安芸第一小六年　山下　刀蓮

一週間前トイレにカエルがいた
もうにげたかと思って、確かめたら
ブラシの箱の中にいた

しばらくして、いなくなった
しばらくすると、窓から入ってきた
虫をくわえていた
カエルはまだ生きている
虫を食べている
トイレで住んでいる

お母さんはジャスミンと呼んでいる

静かだから、分からないときもある
でも、トイレの住人はいつもいる

とつぜん住みついた小さな命をそっと見守ってあげています。日がたつほどに親しみが生まれ名前をつけてあげたのですね。かわいいね。

おかえり、お父さん

佐賀小六年　宮地　琉羽

お父さんの船が帰って来る
久しぶりのお父さんはやさしい
欲しい物を買ってくれるし
いろいろなところに連れて行ってくれる
お父さんの船が帰って来る日は
朝から落ち着かない

お父さんの船が帰って来た
お父さんは漁師をやめると言った
土木の仕事に変えるらしい
漁師のお父さんも大好きだけど
今日からはいつでも会える
仕事が変わって大変だけど
今日からはいつでも遊べる
おかえり、お父さん

潮江小四年　溝渕　夏実

大好きなお父さんが帰ってくる。琉羽さんの待ちどおしい気持ちが分かります。これからいっしょに過ごせる時間が楽しみですね。

起きてすぐに大掃除

高岡第一小六年　森澤　貴規

「ちょっと出かけるき、お風呂《ふろ》掃除《そうじ》と、
　掃除機かけて、洗濯物《せんたくもの》干しちょって」
ぼくをゆすってお父さんが言った
ぼくもうんと言ったけど
いややなあ、何で俺《おれ》一人
でもたのまれたので
お風呂掃除から始めた
スポンジでシュッシュッシュー
次は掃除機
リビング、廊下《ろうか》、おばあちゃんの部屋
ピロリロリン、ピロリロリン
洗濯が終わった
家族七人分の洗濯物
ずっしりと重い
二階のベランダへ抱えて上がった
しわにならないよう、のばして干した
宿題もやっちょったらましかな
ぼくの指先はすうすうしていた

とつぜん父に言われたお手伝い。「何で」と思いながらも手をぬかず完ぺきにこなす貴規さん。素晴らしい行動力と責任感の持ち主です。

吾北小四年　下元　颯太

すごすぎ

尾川小六年　佐藤　響

おじいちゃんと山に行った。
犬のあきが
ウーッ
と、けんかしているような声で鳴き出した。
「しげみにかくれちょって。」
おじいちゃんが言った。
しげみからのぞいてみると、
大きいいのししが
こっちをにらみつけていた。
ブヒブヒー
一回、目が合った。
こわかった。
ものを言わず固まっていた。
あきは鳴きながらとびかかった。
おなかにかみついた。
いのししもしっぽにかみついた。
あき、負けるな。

おじいちゃんがねらいを定めて、
ドン
鉄砲でうった。
いのししはバタンとたおれた。

おおとよ小四年　高橋　憂花

はりつめた様子が響さんの目を通して読み手に伝わります。最後にほっとできるのはあきとおじいちゃんのおかげですね。

反抗期かもしれない

佐古小六年　藤原　聖也

ぼくは反抗期《はんこうき》なんだろうか
最近親の言うことすべてに
やたらと腹が立つ
どこの家でも同じだろうが
「宿題しなさい」
「片づけなさい」
一回ならいい
宿題せずに学校に行ったことないのに
今片づけているのに
何回も何回も言われると
腹も立ってくる
「うるさい」
と、つい言ってしまうと
今度はまたそれについてのお説教
ぼくはゆっくり休みたいのに
ぼくは今、反抗期かもしれないけど
おとなになったら
親の気持ちが分かるかもしれない

自分の子どもができたら
親の気持ちが分かるのかもしれない
ぼくは今、反抗期だけど
二十才ぐらいには
きっといいおとなになっているだろう
たぶん

わけもなく腹が立ったり、気分がもやもやしたりすることもある年ごろ。今の気持ちを詩に書くことで、自分自身を見つめています。

高岡第一小六年　森澤　寧王

なながんばれ

仁井田小六年　又川　朋海

「はちいちがはち、はちにじゅうろく……。」

妹は二年生。

九九の練習をしている。

でも、いつもまちがう。

学校でもまちがう。

おふろでもまちがう。

ねるときもまちがう。

柿内先生に、

「ななちゃん九九覚えてないき、
教えちゃってね。」

とたのまれた。

私は、九九カードを作った。

「このカードで一生けん命練習してみいや。」

妹は喜んだ。でも、

「はちろくしじゅうご……。」

やっぱりまちがう。

妹は、今日もがんばって練習している。

柿内先生が、
「だいぶできるようになったで、
お姉ちゃんさすがやね。」
とほめてくれた。
なな、あと少しで一人前になるき、
がんばれ。

黒岩小二年　和田　紗依

妹思いの気持ちが詩にあふれています。責任感をもって、一生けんめいに九九練習をしている妹を見つめる目が温かくやさしいですね。

小さな家出

長浜小六年　土居　尭叶

今日、妹が急にぼくに
ガムの包み紙を持ってきた
「これ母さんにわたして」
とぼくに言った
包み紙には妹の字で
『このいえおげていきます』
と書いていた
げんかんの開く音がした
そのことを母さんに伝えに行くと
「ついてって」
と言われた
だから妹について行った
十分くらい歩いた
ぼくは
「家へ帰ろう」
と妹に言った
でも妹は歩き続けた
少しするとお母さんが早歩きで来た

妹に何か言うと、妹は
「ごめんなさい」
と言った
三人でいっしょに帰った
これで小さな家出は終わった
帰ってきてよかった

久礼田小四年　松岡　瑞季

幼い妹のとつぜんの家出宣言。兄としてどうしたらいいのかと、とまどいながらも、やさしく妹を見守っています。

久しぶりの百点

上川口小六年　松本　尊広

「よっしゃあ。」

ぼくは飛び上がりそうだった。

だって、久しぶりに百点をとったのだ。

教科は国語。

先生に、

「尊広君、百点。」

と言われたときは、
声を出さずにはいられないくらいだった。

席に座ってからも、

「やった百点や、
　百点とったが何年ぶりやろう。」

と言っていた。

家に帰ってから、おばあちゃんに、

「見て見て、テスト百点やで。」

と言うと、

「すごいやん。」

とほめてくれた。

テストの百点は、笑顔がこぼれた。


百点をとれた喜びにあふれている詩です。尊広さんだけでなく、おばあちゃんもいっしょに喜んでくれて、うれしいですね。

すっぽんの観察

大篠小六年　岡﨑　将貴

夏休み。
ひまだ。
すっぽんの観察をすることにした。
ずうっと、すっぽんを見つめる。
すっぽんはぴくりともしない。
さらにひまになった。
気晴らしになわとびをする。
ふと気がつくと、
なわとびをするぼくを、
すっぽんが見ている。
ぼくがとんでいる間、
すっぽんがぼくを見つめる。
つかれた。
なわとびをやめる。
すっぽんが
のそのそ、ぼくの方へ歩いてきた。
「もっとがんばれよ。」
すっぽんにそう言われた気がした。

観察していたすっぽんにいつの間にか観察されていた将貴さん。最後ははげまされてしまいましたね。思わず笑顔になる作品です。

ぼくもいっしょやき

吾北小六年　川村賀来斗

ギシギシギシ
お化け屋しきの階段を下りて行く。
先生の服をぎゅっとつかんでいた。
三人の男子がつながっている。
体にブレーキがかかる。
体が固くなって、声が出ない。
進んでいくと大きなおりがあった。
絶対何かおる。
進んでいくたびに
お化けがぼくたちをおそってきた。
早く出たい。
やっと出口だと思ったら
上からお化けが落ちてきた。
もうやめて。
ころがりながら出口を飛び出た。
一人の友達が大泣きしていた。
気持ちは、ぼくもいっしょだ。

岡豊小三年　市村　哲司

こわそうなお化け屋しきですね。「こわい」という言葉をまったく使わずに、こわさが伝わる事実や行動をしっかりと書いています。

ぼくの弟みなと

戸波小六年　竹村　拓海

みなとはいつもじゃまをする。
勉強をするときも、ゲームをするときも
ぼくの近くに寄って来て
いろいろつつく。

みなとの面どうを見るのは
めんどくさい。
おむつをかえるときは、
いつもいろいろと動き回って泣きまくり、
かえるのにひと苦労。

みなとはおもしろい。
自分よりも大きいつくえを
よいしょよいしょと
がんばって引っぱっている。

みなとはかわいい。
ぼくがテレビを見ていると
キリンのぬいぐるみを持って寄って来て、
ぼくのひざの上にのって
ぐっすりねむっていた。
キリンの耳をかんだり、さわったりしながら
いつの間にかねむっていた。
みなとは家族みんなの人気者。

伊野小三年　平田香梨奈

連を重ねるごとに弟をかわいく思う拓海さん。安心してひざの上でねむってしまうむじゃきな弟。さすが家族の人気者ですね。

ごみ箱の中のふくろ

潮江東小六年　冨田　愛菜

（えっ、うそ、何これ？）
校長室のそうじ中、
ごみ箱を動かしていたら
カントリーマアムのふくろが
二つ入っていた。
びっくりして
ふいていたところを
と中でやめて
ごみ箱をすばやくもどした。
校長先生をちらりと見たら
誰《だれ》かと電話で話していた。
すごく、ていねいな言葉だった。
校長先生は、
人のことを本当に大事にしてくれる
尊敬できる先生。
（こんな先生が……？）
私が見てよかったのかな。

見てはいけないものを見てしまった、どうしよう、困ったなあという表情が目に浮かびます。校長先生に対する気づかいが伝わってきます。

きらいだったけど

羽根小六年　奥宮　琴桜

ダダダダダ
四・五・六年生の足音が
いっせいに鳴り響く。
一生けん命走らんといかん、
津波がくると思って。
わたしはひなん訓練がきらいだった。
遠いし、坂道だからつかれる。
でも今はちがう。
六年生になって
前よりもっと災害のことを知ったから。
中学校まで走っていて、
たとえつかれていても、
あまり前に進んでいなくても、
一歩、また一歩、ふみ出すことで
命が助かるかもしれない。
だれかの役に立つかもしれない。
そう思いながら走っている。

前よりもっと学んだことで、命の大切さや自分でできることを考えながら、ひなん訓練に参加しています。琴桜さんの成長が見えます。

小さいころの写真

尾川小六年　望岡　紗良

卒業式で流す写真を選んだ。

小さいころの写真を見ていると、
そのころをなつかしむように、

「この時は、すっごくかわいかったねえ。」

と、お母さんが言った。

「今はかわいくないがかえ。」

それには何も答えないで、
また他の写真を見ていた。

「このころもかわいかったねえ。」

と、何回も言っていた。

妹が、

「ふふっ。」

と笑った。

やっぱり何も言ってくれんかった。

今もかわいいろ。

潮江小四年　窪内　咲羽

紗良さんの成長を心から喜んでいる家族の様子が伝わってきます。「今はもっとかわいいよ」とお母さんは心の中で言っていますよ。

子ども句会

加茂小六年　小田　賢冴

みんなの俳句がのったプリントが配られた
名前は書かれてなかった
見たしゅん間に
自分の句が目に飛びこんできた
「夕焼けの　空をみながら　またあした」
作者はだれにも分からないのに、
みんなが気づくような気がした
体が熱くなってきた
息を小さくすって
もう一度心の中で読んでみた
そんなに悪くないかも
だれかぼくの俳句を
すいせんしてくれないかな

夕焼けの句、ひそかに自信をもっていたのでしょう。ほかの人からも、いい俳句だと認められたい思いが素直に表現されています。

とうとうこわれた

土佐山小六年　中山優一郎

中学校で着る制服の採寸が終わった。
中学生になるのが、
とても楽しみになった。
教室に帰って、
いつものようにランドセルを背負った。
階段を下りようとしたそのしゅん間、
ランドセルが肩から落ちかけた。
（ランドセルがこわれたがかな）
ランドセルを下ろして見てみると、
やっぱりランドセルの
肩ベルトがちぎれていた。
六年間使ってきたランドセルが、
とうとうこわれた。
雨の日も、風の日も、台風の日も、
ずっと、いっしょだったランドセル。

今まで、ありがとう
ランドセル。

優一郎さんが中学校へ行くのを知り、まるで役目を終えほっとしたかのようですね。六年間どんなときもいっしょだった相棒に感謝ですね。

父との勝負

土佐町小六年　岡部　優斗

「はじめっ」
父との親子試合が始まった
父が大きく見え
少しさがってしまった
次の瞬間《しゅんかん》
父が面を打ってきた
「胴《どう》っ」
僕《ぼく》が父の面を返し
胴を打つ
「胴ありっ」
一本入った
二本目
父がすきをねらってかまえている
動いた
父の本気の面
僕はまたその面を返し
胴を打つ
「胴ありっ」
完ぺきに入った
ついに僕は勝った
父に

その時の様子を短い言葉でズバッと書いているので緊張感がよく伝わります。喜ぶ君をうれしそうに見つめる父の姿が見えるようです。

介良潮見台小三年　髙橋　宏斗

どっこいしょのせい！

長浜小六年　眞鍋　賢大

ぼくが
みかんを食べているときだった。
いすにすわっていたおばあちゃんが、
「どっこいしょのせい！」
と言った。
ぼくは何事？と思った。
おばあちゃんに、
「なんで
『どっこいしょのせい』なが？」
と聞いてみた。
すると、
「どっこいしょのせいは、
どっこいしょのせいよー。」
と簡単に言った。
あまり意味が分からなかったけど、
今日もテレビを見て、
自分の部屋に行くとき言っていた。
「どっこいしょのせい！」

お葬式

佐古小六年　小松　夏輝

去年の十月、
ひじいさんが亡くなった
八十を過ぎていた
お葬式《そうしき》はぼくには退屈《たいくつ》だった
でも最後のお別れで
ひじいさんの周りに花を置いたとき
ひじいさんの顔を見たとたん
なぜだか分からないが
涙が出そうになった
なんだか分からないものが
こみ上げてきた
思い出すひじいさんの声
いつもおこっているような
しゃべり方
あまり何を言っているのか
分からなくて
ろくに返事もしなかった
よみがえってくる記憶に
ぼくは心の中で泣いていた
涙があふれそうになるのを
必死でこらえていた
ぼくは、とても悲しかった

大切な人を亡くしたとき
人はこうして
お葬式で泣くんだ
ということが分かった

加茂小六年　大西　　氷

仲間にするための戦術

高岡第一小六年　神田　太郎

五時間目の体育
男子と大なわ
「はい、はい」
としゃきっとしたかけ声
でもなわの中に入れない人がいる
声をかけようと思ったが
ぼくも自信がない
すると
「はよう来いや」
と流玖君
それに続き
「自信もってとべ」
凌河君たちが声をかける
そこからとべなかった人は
ぼくたちの仲間になった
六年一組のいいところ
これが男の優しさ

鴨田小二年　岸田みづき

ピンクだらけ

土居小六年　小松　直哉

台所の流し台の中がピンクだった
今の家に初めて入ったときの
驚きの一つ
母の部屋のカーテンもピンクだ
財布もピンクにしようとした
「僕《ぼく》がはずかしいきやめて」
僕の声が聞こえなかったふりをした
洋服店で母がピンクの上着を
買おうとした
「これならいいろう」
「これだけはいやだ」
母の中では八十パーセント
「買う」だった
そして買ってしまった
二〇一五年のスケジュール帳も
キラキラのピンクだ
母は今年で四十七才
ちょっと考えや！

乗りこえる力

新居小六年　門田　哉汰

防災会議が始まった。
ぼくは防災キャンプの
プロジェクトリーダーだ。
今日は市長さんも来ている。
地域で
危険な場所を直してもらうために
各地区で出た意見を
まとめて発表する。
いよいよぼくの意見の番。
胸がドキドキ。
足がガタガタ震える。
みんなの意見を
まとめれちゅうろうか。
敬語は間違ってないろうか。
「……を直すことをお願いします。」
言い終わったら何を言ったかも
全然覚えてなかった。
「言えたー。」
市長さんを見た。
分かってくれてそうな
そうじゃないような顔だった。
「考えておきます。」
と言ってくださった。

これまでこの防災キャンプに向け
いろんな準備をしてきた。
休み時間の話し合い、
意見のまとめ、
正直、大変だった。
だけど自分の地域を良くするためや
と、思ってやってきたことが
分かってもらえて無駄《むだ》じゃなかった
と思えた。
これからもしんどいことがあっても
きちんと乗りこえられるぞ。

夜須小五年　仲村　海渡

顔より技術を極めよ

伊野南小六年　塩見　武史

僕《ぼく》の顔は、
あのウィンブルドンの大会で
準優勝だった錦織圭《にしこりけい》に似ていると、
学校やテニスの友達に
よく言われる。
テニスの友達は、
「おい、錦織。」
と、何かよぶときに、
いつも言ってくる。
確かに、
あの錦織選手と
顔が似てるのはうれしいけど、
テニスのうで前は
やっとサーブが
ちゃんと入りだしたぐらいで
そんなにうまいわけでもない。
ボールも最近ふつうに打てるように
なったばかりだ。
どうせなら、
顔より技術が似ていたらよかった。

正月のもちつき

長者小六年　西森　匡助

毎年、当たり前のように、
ぼくの家族は、
おばあちゃんくでおもちをつく
慣れてきたのか、
兄の手さばきが
おばあちゃんみたいだ
ぼくが作ったら、
「いかん、うまそうに見えん、
　失敗作やき今食え」
と兄が言う
もちを広げて、あんこをつめて、
しめるだけなのに、
いろんなところで失敗する
すべてのもちが完成して
さあみんなで食べよう
と思ったとき、
もうぼくの腹は、
ぱんぱんになっていた

久礼田小五年　坂本　良太

みんなの笑顔

日下小六年　谷本　七萌

三十回をこした。
四十、五十……百、二百をこえた。
みんなが笑顔でとんでいる。
（いつもは協力できんクラスやに、
なんでこんなにうまく
　いくんやろう……）
そして、二六九回目。
ついになわにひっかかった。
私は、
心がほっと温かくなり、
体中の力がぬけた。
あいりちゃんが、
見たこともない笑顔で笑っていた。
とんでいたときより、
生き生きとした笑顔だった。
ひっかかってしまったのに、
なぜか気持ちが良かった。
次は
「白組全員で三百回」を目指して
笑顔でがんばりたい！

聞きまちがい

鴨田小六年　黒岩菜々実

算数の授業があった。

先生が問題を書いた。

単位のしくみのところだ。

となりの人が、

「あそこ何?」

と聞いてきた。

私は、少し考えてから、

「千分の一!」

と言ったら、

「三分の一?」

と聞き直した。

近くにいた先生が笑っていた。

小声でも、ちゃんと聞いてよ、
お願いやき。

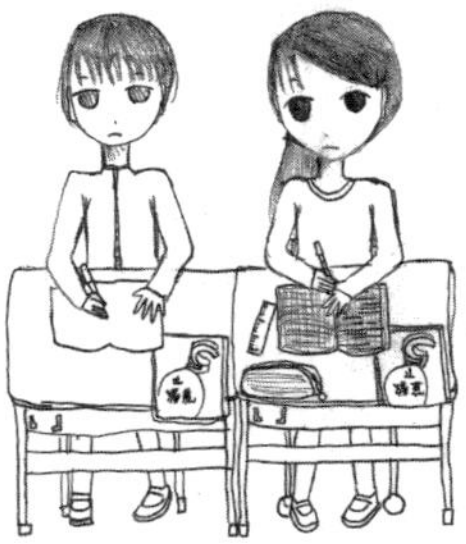

潮江東小五年　清藤　七瀬

私の名前は「はな」

波介小六年　井上　はな

私の名前は、ひらがなだ
周りの子たちは、みんな漢字
私は、漢字の名前がほしかった
「なんで私の名前はひらがななの」
と、聞くと母は
「花のように
　見た人を笑顔にする人に
　なってほしかった」
思い出すように言った
「漢字は?
　漢字の花でもよかったのに」
とつぶやくと、
「日本特有のひらがなにしたが」
と言った
その言葉でなんだかすっきりした
私の名前は漢字ではない
でも、ちゃんと意味がある
私の名前は、ひらがなで
「はな」と書く

ムニムニ

下川口小六年　酒井　菜緒

碧唯がうでをつまんでくる
私は、こそばくてたまらない
私はふざけて
「やめろー」
と言う
でも碧唯はつまんでくる
でもそれがなぜか楽しい
私もほっぺをつまむ
やわらかくてもちもち
このやりとりがおもしろい
後四十日で小学校生活が終わる
おそらく
碧唯とクラスがはなれる
ずっといっしょだった碧唯
クラスで二人だけの女子
ずっと友達でいた碧唯

たいへん

安田小六年　安並　冴

来年一年生になる妹に
ひらがなや数字、たし算を教えた。
ひらがなは、
プリントや本を使って教えた。
なかなか上手にかけていたので
びっくりした。
数字は私がお手本を書いて
教えてあげた。
6や9は
あまり上手じゃなかったけど、
他の数字は
ちゃんと書けていてよかった。
たし算は
算数ブロックを使って教えた。
たし算は
少しむずかしそうにやっていた。
まちがえているところが
いくつかあったので
理由を説明しながら
先生のように教えた。
意外と簡単そうに見えるけど
教えるのはたいへんなんだなあ
と実感することができて
勉強になった。
妹には一年に入っても
この調子でがんばってほしい。
これからも勉強を教えてあげたい。

下ノ加江小四年　梶本　陽世

勇気をふりしぼって

長沢小六年　山中　大和

ピンポーン
「おっはよ。」
今日もじいちゃんが来た。
学校がある日は毎日来てくれる。
バス停まで遠くないのに
車で送ってくれる。

今日も
「帰りはいつも通りかね。」
「うん、いつも通り。」
そう言ってバスに乗った。

じいちゃんはぼくのことを
大事にしてくれる。
でも、
じいちゃんに
たよりっきりじゃなくて
自分の力でやることも必要だと思う。
だから勇気をふりしぼって言うよ。
「バス停までは歩くきね。」

私のほこり

長浜小六年　永井小百合

ザクッザクッ
ハウスの中で音が響《ひび》く
いつものように
お父さんの一日が始まった
ハウスの中はいつも
むんむんしている
お父さんが百合《ゆり》を刈る音が
ザクッザクッ
と聞こえる
お父さんが着ている服が
あせでぬれている
そんなこと気にもせず
お父さんはがんばっていた
毎日たくさんの愛情を注いで
今年もたくさんの
きれいな百合を育てたお父さん
そんなお父さんは
私のほこりだ

きんぴらごぼうに救われた

松田川小六年　竹本　圭翔

ぼくの頭の中には、土日に食べた
きんぴらごぼうが浮《う》かんだ
ニンジンが甘くて
レンコンがピリッ
おいしいんだよなー

そしてぼくの口から
つい出てしまった
「レ、レンコンのような……」
しまったと思ったが
続けて言うしかない
「半円と四つの円があり……」
今、表現のゲームをしている
五十四人の児童の視線と
校長先生の視線が一つになり
ぼくの顔を赤く焦《こ》がしている
穴があったら入りたい

でも次の瞬間、
「穴が……」
またも言ってしまった
「四つ開いています」
なんとか伝え切った

みんなの顔を見回した
どうやら意見は通じたらしい
レンコンの穴に
緊張《きんちょう》と自信を詰《つ》め込んだ

後免野田小三年　門脇　千祐

サンタクロースは親？

新荘小六年　竹﨑　萌

聞いた日は忘れたが、
友達から、
「知っちゅう？
　サンタさんは親ながで。」
と、聞いたことがある。
その時私は
二年生のときのクリスマスを
思い出した。
確か、
ニンテンドーＤＳを頼《たの》んだのに、
リカちゃん人形が来た。
母が言うには、
「サンタさんは、その子にとって
　ふさわしい時期を知っちゅうがよ。
　萌はまだ
　ゲーム機を持つには早すぎる。」
と返ってきた。
私は、
「ゲーム機を持つには早すぎる。」
という言葉で、ひどい！と思った。
なぜひどいと思ったかというと、
当時、クラスのみんなが
ＤＳを持っていたからだ。

そうだったのかー。
だから今まで
ほしい物が来なかったのか。
（五年生のときは別やけど）
実は、
今までサンタさんを
信じていたのだが、
友達の言葉を聞いて納得した。
そのことを母に言うと、
「かわいげのないこと、言わんといて。」
と、言われてしまった。
でも、やっぱり
心の奥で信じていよう。

南郷小二年　岩本こころ

仕事は大変

穴内小六年　長野　碧波

お母さんが仕事から帰ってきた。
何か訳の分からない書類を
書いていた。
「二〇一四年度の介護《かいご》の目標」
と書かれていた。
ほかにもアンケートがあった。
見ると字がぎっしり。
「字が読めん、難しくて。」
と言った。
前は、お年寄りの
口腔《こうくう》体操を書いていた。
いろいろ工夫して考えていた。
寝たのは、いつもより遅かった。
難しそうだ。
今も、若い職員があまりいない
と言っていた。
認知症《にんちしょう》も増えてきている。
この病気は治らない。
「介護をしている人はすごい。」
「少子高齢化が心配やな。」
とあらためて思った。

初めてのよさこい祭り

横内小六年　藤原　亜純

太陽が照りつける中、
とびきりの笑顔で踊ったよさこい。
万々商店街で
しん査員の人と目が合った。
手まねきをしている。
え?ひょっとして……。
やったー
はねるように走って行った。
メダルをかけてもらって最高の気分。
金色にかがやくメダル。
今まで
一生けん命練習してきたあかし。
体が軽くなって
さらに力がわいてきた。
高知に生まれてよかった。
これからも
よさこいを踊り続けたい。

遺伝

日章小六年　西山　昌志

父さんと会話していた。
話しながら、
父さんの特ちょうを見た。
そう、はげていること。
(僕《ぼく》も将来、はげるんじゃないか?)
心配になってきた。
つい、僕は父さんに
「何でそんなにはげちゅうが?」
と聞いた。
父さんは、
「遺伝よえ、遺伝。」
と早口で言った。
僕は、ますます不安になった。
将来、僕は、心配だ。

高石小四年　楠瀬　大也

地震

加領郷小六年　龍　慈乃

宿題をしていると、お母さんが
「高知県に地震が来たらこわいね。」
と急にしゃべりだした。
ぼくは、
「そうやね。」
と返す。
「今来たら、どうする?」
とまた聞かれた。
ぼくはその質問に少しとまどった。
どうしよう。
ぼくの家の家具には、
つっかえ棒をしていない。
地震があったら
タンスがぼくをおそってくる。
冷蔵庫も足が生えて
ぼくを追いかけてくるだろう。
想像するだけでこわい……。
(地震対策、すぐにせないかんな)
とぼくは心にちかった。

ヌルヌルあゆ

宇佐小六年　谷　美月

「あゆ、とれるかなあ」
最初は、ぜんぜん取れなかった。
はしの方に行って
あゆの頭の所をぎゅっとつかんだ。
あゆが動かなくなった
あゆの体は、ヌルヌルしていたから
手をはなしそうになった。
急いで、ビニールを広げて入れた。
それから、二ひきも取った。
お父さんに見せたら
「すごいね。大きいやんか。」
と言ってくれた。
そのあゆをお母さんがにものにした。
「おいしいね。」
みんなで笑って食べた。
ヌルヌルあゆが
一番おいしいあゆになった。

もうにげん

夜須小六年　橋本きらり

冬休みに
ピアノのコンクールに行った
今回は私は出ない
今年は六年で忙しいし、
今まで五回も出て、
トロフィーももらったからだ
だから今年は
同じ教室の三年生二人のピアノを、
先生と聞きに行った
いろんな人の演奏を聞くうちに
「私も出たらよかった」
と思った
みんなまちがえても
一生けんめいひきゆう人が
たくさんいたからだ
いろんな理由をつけて
にげゆうがは自分や
と心の中で思った
これからはもうにげんとろう

大月小二年　竹田英愛理

中学生

松田川小で

土居小で

精華小で

久礼小で

高知若草養護学校で

久礼田小で

利岡小で

朝倉第二小で

宇佐小で

中学生の詩を読む

◆中学生◆

今の思いを詩に

応募総数は一一六三編。応募学校数は二十三校。今年も忙しい中、多くの学校で詩を書くことに取り組まれていることをうれしく思います。部活動や家庭など身近な題材の作品が多く寄せられました。

何気ない生活の中で、あらためてその価値に気づいた事柄を取り上げた優れた作品もありました。「伝統の道」は脈々と続く地域の文化を大切にしていこうという気持ちを表現したものです。「あったかい朝」「このくじでよかった」などのように、地域の人々との交流から心に響いたことを描き、社会に関心をもった詩も多くありました。

少し残念だったのは、イメージや感覚だけで書かれた詩が見られたことです。受験や人生などについて、考え始める時期にいるためなのでしょう。しかし、詩として表現するためには、心を動かされた瞬間をよく思い出して書くことが大切です。「校長先生の手」では、ゴール直後の瞬間を切り取ることで、その場の様子が目に浮かんでくるように見事に表現できていました。また「引退」「ひばあちゃんの米寿」も、場面を切り取って言いたいことをずばりと表現していました。

照れくさくて家族に言えないことでも、詩の中では素直に気持ちを表現することができ、また詩を書くことによって自分を前向きに認め励ましながら、一歩前に踏み出すこともできます。それが中学生が詩を書く意義ではないでしょうか。

（吉川　直子）

小筑紫小五年　井上ゆりあ

米奥小一年　中平　成美

池川小三年　西川　歩那

久礼小二年　前田　悠伽

きいて　きいて　ちいさなつぶやき

高知市塚ノ原保育園

ぼっしゅうされた

4才　Rくん

保育士「お正月にいっぱいお年玉もらったろう？いいなあ。」
Rくん「もろうたけど、おかあちゃんに　ぼっしゅうされた。」
保育士「だいじょうぶ！ちょきんしてくれているよ。」

もう食べれん！

4才　Kちゃん

きゅうしょくのとき、友だちが「ごちそうさま。」をしているのを見て、
Kちゃん「先生、ぐあいがわるい。」
「それはたいへん、どれどれ　おねつはないよ。」
口に入れてあげると、ぱくぱくたべて、あと一口になったとき、
Kちゃん「先生、きげんがわるいき（きぶんがわるい）もう食べれん！」

下田小二年　沖　風汰

かみは　さようなら

2才　N子ちゃん

「こんぶを食べると　かみが　きれいになるよ。」
N子ちゃん「おじいちゃんのかみは　さよならでえ。」

「あ」のつく人

4才　Rくん

保育士「おなまえに『あ』のつく人おいで。」
Rくん「あ、ぼくのおかあさん『あ』がつくき、よんでこないかん。」

先生も　きんちょう　しちょったが

4才　Aちゃん

園内のけいろう会で、歌やおどりを見てもらいました。
おわったあとで、「ごめんね。ピアノまちがって。」
Aちゃん「先生も、きんちょう　しちょったがよえ。」
（はい、そのとおりです）

くつが　よごれる

4才　Iくん

新しいくつを　買ってもらって、よろこぶIくん。
にわに　出たかとおもうと、
Iくん「くつが　よごれるき　行かんとろう。」
「よごれたら　あらってくれるよ。」
元気に　走って　行きました。

おまじない

4才　R子ちゃん

保育士「朝　さむいけど、がんばって　9時までに　来てね。はやねはやおき　してるかな。」
R子ちゃん「R子ね、ねるとき　こわいゆめ　みんように　ママが　おまじないゆうてくれる。」
保育士「どんな　おまじない？」
R子ちゃん「ゆうべみたゆめ　けさとけば　なんてんやまの　ばくのえに　ばくくえ　ばくくえ。」
おまじないは、ひばあちゃん、おばあちゃん、おかあさんと語りついでいるそうです。

校長先生の手

大津中一年　岡田　遥花

ついにこの日がやってきた
初めての高新駅伝

たすきをもらった瞬間《しゅんかん》
一気に走り出した
後ろに感じるみんなの声
しんどいときも
みんなの声が背中をおしてくれた

ゴール直前
だれかが私を抜いた
一瞬《いっしゅん》、時が止まったように静かになった
結果は九位
ゴール直後
涙《なみだ》があふれた
痛む足を引きずり
みんなの元へ
歩いていた

その時
私の背中をさすってくれる
校長先生の手があった
「頑張《がんば》ったね」
大きく温かい手だった

伊尾木小六年　佐々木真知

時間の経過に沿って述べられる言葉から遥花さんの思いが強く伝わってきます。その手のぬくもりは、ずっと忘れられないでしょうね。

まきストーブ

吾北中一年　野田　裕哉

ぼくの家にはまきストーブがある
一度つけるととても暖かい
家中が暖かくなる
火をつけるのは母
母はよく失敗する
失敗すると台所がけむりでいっぱいになる
だからすすだらけだ
大変なのはまきの準備
夏の間に父とぼくで木を切る
そして乾《かわ》かしておく
とてもたくさん必要だ
えんとつの掃除《そうじ》もしなければならない
つまると燃えないからだ
ストーブを囲んで家族で食事をするのが好き
今年もまきストーブは活躍している

まきストーブを燃やすための役割や仕事を通して家族が団結しているのですね。山の暮らしと家庭のぬくもりが伝わりました。

スタートライン

大栃中一年　髙橋　真衣

一陣《いちじん》の風が吹き抜けた
はちまきが
うなじの上でおどる
それぞれの顔に浮かぶ
期待と不安
いくつものまなざしが
一点に注がれる
息をのむような　一瞬の後
号砲《ごうほう》が響いた

短い言葉、洗練された表現から、緊張感が伝わってきます。誰もが経験した一瞬を、かけがえのない思い出に変えたみごとな詩。

中学生

水上の冒険

大川中一年　岡本　凌汰

潮のにおい
魚たちがとても速く泳いでいた
アカクラゲも見た
海がギラギラ
太陽を見上げる
ザバアン、ザバアン
波の音
パドルをこぐ音

潮のにおいが広がっていく
水が重い
パドルをこぐ手に力が入る
ふう
辺り一面　海、海、海
初めてのシーカヤック
とても気持ちがよかった
波に乗っているようだった

もう一度　あの海で
自分の手で
こいでいきたい
水上の冒険《ぼうけん》に出かけてみたい

咸陽小三年　吉村　鋭

テンポ良く読者を一気に海に誘う。五感を生かした表現も巧み。わくわくした気持ちが題に表されていて、一緒に冒険したくなるよ。

愛しい姉よ

香長中一年　羽方　鈴茄

私の姉は、結婚し子どももいます。
最近、姉が恋しくなります。
姉の子どもはもちろんかわいくて
食べたくなるほど好きです。
だけど、やっぱり姉の方が大好きです。

姉がまだ結婚してないとき
私は、姉がきらいでした。
けんかばかりで、時には仲良くしていたけど
でも、なぜかきらいでした。
私は「早く出ていってほしい。」
と思ったこともありました。

結婚してしまった今
時々、姉が家に遊びに来ます。
けれど、結婚前の姉ではなく
立派な母さんになって、遊びに来ます。

「もう二度と、あのころに戻れない……」
と考えると
昔の姉が愛《いと》しくなります。

安芸第一小六年　小松　星流

お姉さんを恋しく思う気持ちが痛いほどに伝わってきます。素直な思いと向き合った鈴茄さんは少し大人になったのでしょうね。

中学生

一点

大津中一年　濱田　忠博

僕《ぼく》はゴールキーパーだ
必死にゴールを守ることはできるが
ゴールを決めることはない
だが、仲間とともに喜び合うことはできる

仲間がゴールを決めたとき
全員でピッチの真ん中に集まり
固く握《にぎ》りしめたこぶしを天につきだし叫《さけ》ぶ
その一点をとるため、
どれだけ努力したことか
一番後ろから、一番前の選手まで
的確に指示を伝える
相手が来たら、体を張ってゴールを守る
それも、チームの勝利のため
今日も、全力でプレーする
そう、たった一点をとるため

題と短く言い切った歯切れ良い表現から、一点をとること、一点をとられないように守ることの重さがひしひしと伝わってきます。

星空

土佐南中一年　市原菜保子

昨日の帰り、空が星でいっぱいだった。
「星がきれいや。」
私は友達に言った。
「ほんまや。すごい。」
私たちは自転車をとめて
星空をながめた。
この前テレビで見た
オリオン座もあった。
私はふと思った。
この星はいつまであるがやろう。
ずっとずっと遠くから
この世界を見ゆうがやろうか。
ずっとずっと遠くから
私たちを見守ってくれゆうがやろうか。

静かな時間。菜保子さんたちと星空を見上げている気持ちになります。遥かなものへの敬《けい》虔《けん》な気持ちや感謝が伝わってくる詩です。

赤色のたすき

潮江中一年　上妻　芙香

あと、一メートル。
赤色のたすきが回ってくる。
心臓はどきどき。
頭の中は不安でいっぱいだ。
自分の手にたすきが渡った。
力強くにぎりしめ、
「まいちゃんおつかれ。」
声をかけて走りだす。
心臓と足のリズムが合わず、呼吸がみだれる。
弱い心に負けそうになる。
それでもチームのため負けずに走る。
次の人まで五メートル。
先生のいかり声が聞こえる。
全力で走り、たすきを渡す。
「おつかれさま。」
不安ばかりの世界から解放された。
大きく息をはいた。

たすきを取り、必死に走る芙香さんの様子が臨場感たっぷりに表現されています。責任を果たせてほっとした思いが伝わります。

伝統の道

大栃中二年　別役　花子

木漏《こも》れ日が差す道を行けば
そこにはきれいな草花。
昔は塩を運ぶための道。
一時は道が荒れ何もなかったらしい。
しかし保存会の方が作り直し
今も守られている塩の道。
ここにしかない伝統の道。
山から見る景色は自分の小ささと
前に進む力をくれる。
そう思えるのも保存会の方のおかげ。
伝統の道。
それは、
自分と向き合い、
心を癒《い》やせる道。

地域で脈々と引き継がれる伝統の道。その意味を知る花子さんだからこそ、それに力をもらったり自分と向き合ったりできるのです。

中学生

父

香長中二年　金　知秀

私の父は今年で
六十五才になる。
友達からは
「おじいちゃんの年やーん。」
と、よく言われる。
私はそうは思わない。
父はとても元気で
今でもバリバリ仕事をして
家事でも普通にこなす。
それに、父は子ども時代のときのことを
私たちに話してくれる。
私はこの話が大好きだ。
六十五年もの人生を送っているからこそ
話せることだ。
父親に年なんか関係ない。
いくら年をとっていようと
世界で一人だけの自慢の父だ。

強い信頼で結ばれた親子の絆。素直な表現から、あなたの温かな思いが伝わります。これからもお父さんとたくさんお話ししてね。

やっぱり姉弟

久礼中二年　濵田　歩花

私と弟は正反対
弟は運動神経がすごく良い
私は運動が苦手
私はけっこうがまんする
弟はすぐにおこるしほたえる
することも正反対
私は家ではだいたいいつも本を読む
弟はずっとゲーム
本当に姉弟？って聞かれたことがある
私も何回か思ったことがある
お母さんに聞いてみた
「何言いゆうがで
　あんたらの寝顔そっくりやか」

やっぱり姉弟ってことながや

姉弟の思いがけない共通点を知っているとは、さすがお母さん。互いを見つめる家族の温かさが伝わります。ラストの一文が効果的。

困っている高齢者たちを助けたい

鳶ヶ池中二年　石川　晃枝

将来の夢は、介護士。
困っている高齢者たちを
助けたいと思ったから。
小さいころに、
自分を大切にしてくれていた祖母を
助けてあげられなかったことを後悔している。
もっと優しくしてあげたらよかった
とも思った。
だから、
高齢者に幸せや喜びを共感させたい。
介護士は、幸せを与える仕事。
高齢者に、寄り添い
手を取り
親身に思いやりをもって接することで
幸せや喜びを分かち合い
笑顔を生むことができる
そういう仕事をしたい。

潮江小六年　森田奈々美

すてきな夢ですね。晃枝さんがめざしているような介護士さんが増えれば、高齢者の方の笑顔もきっと増えることでしょう。

中学生

落としもの

嶺北中二年　和田　彩花

「あーもういや」
目の前に落ちる、とるべきシャトル
あと一歩、あと少し
なんで動けんが……
自分に腹が立つ
失敗した数と同じだけ落ちていく涙
ラケットに腹立つ私
イライラすると自分を見失ってしまう
私の悪いくせだ
どこかに落とした私のコントローラー
早く見つけてうまくなりたい
流した涙の分、絶対強くなってみせる

題名の意味が分かったとき、彩花さんのセンスに脱帽。強くなりたい、といつも前を向いて頑張っているあなたにエールを送ります。

引退

大方中三年　曽根明香里

教室で受験勉強をしていると
音楽室から音が聞こえてきた
窓の外に響く音は金管楽器

二年前、
先輩に習いながら吹いたことを思い出す
昨年、初めて吹いたソロを思い出す

あ、音まちがえた
教えに行きたくてしょうがない
だめだ、
集中しなければ
私は方程式を解き始めた

受験勉強の最中、ふと聞こえてきた金管楽器の音から鮮明によみがえる思い出。巧みな構成で心の動きがよく表現されています。

あったかい朝

旭中三年　植村　莉奈

近所に車いすに乗った人がいる
ほとんど朝しか会わないけど
会ったら必ず
気持ちの良いあいさつをしてくれる
十一月になってすぐのころ
今日もあったかいあいさつをしてくれた
私の部活の定期演奏会に誘ってみた
「ありがとう
僕《ぼく》なんかが行ってもいいの」
私は首を縦《たて》に振って
じんわりあったかくなった
ただ朝にあいさつをする仲から
立ち止まって話をする仲になった

十一月は寒いのにあったかい

土居小六年　岡林　小夏

あいさつは「人と人とをつなぐまほうの言葉」といいますが、その通りですね。勇気を出して演奏会に誘って本当によかった。

このくじでよかった

大川筋中三年　伊与田優花

「敬老席のみなさんに自己紹介をし、
　全員と握手してゴール」
借り物競争のくじにはそう書いてあった
私は敬老席に走った
「大川筋中三年生伊与田優花です！」
そう言って
一人一人と握手《あくしゅ》をして回り始めた
最初は慌《あわ》てていて見えていなかった
おじいちゃんおばあちゃんの表情が
目に飛び込んできた
すっごい笑顔だった
楽しそうにしてくれていた
握手をするたびに
「ありがとう、がんばったよ」
「おー、優花ちゃん、がんばって」
みんなが言ってくれた
うわー、いっぱい来てくれちょる
嬉《うれ》しくなった

「ありがとうございました」
礼を言ってゴールへ走った
おじいちゃん、おばあちゃんに
元気を分けたい
そう思っていたのに
逆に元気をもらった気がする
このくじでよかった

潮江中一年　大道　夏実

地域の人たちに温かく見守られ、素直に育っている様子が伝わります。敬老席の皆さんも優花さんと同じことを思ったでしょうね。

黄色の山のひばあちゃん

香長中三年　川久保奈美

毎年恒例のゆず取りが今年は少し違っていた。
草が茂って山の奥に入れなくなっていたり、
栗やみかんの皮が転がっていたり、
たまに動物の鳴き声がしたり。
今年は少しやりづらかった。
やっぱり一人の力って大きいな。
今年はそんなことを思う。

ゆず取りになると
一人で静かに山に登る背中を思い出す。
ことことと登ってことことと切る。
それが曽祖母《そうそぼ》。
九十歳くらいまで一緒に仕事した。
ゆず取りはしんどいけど
「疲れた」とも言わず黙《だま》って作業をする曽祖母を
毎年私は思い出す。
曽祖母がいなくなって数年。
山も変わって人も変わった。

それでも
「ひばあちゃんはすごかったねえ。」
「ゆずが頭にあたっても
　座ったまま笑いよった。」
「やっぱりえらいわ。」
山にみんなの声がこだまする。
祖父と祖母だけだとつらくなったゆず取りに
たくさんの親せきが集まって、
いつもよりにぎやかな山で話すことは
「ひばあちゃん」のこと。
一人が残したものの大きさは
ずっと思い出の中にあるんだな。
昔とは違った山も綺麗《きれい》に見えた。

ゆず取りとひばあちゃんの思い出話は、これからも毎年続いていくことでしょう。ひばあちゃんの存在感をひしひしと感じます。

中学生

ひばあちゃんの米寿

大津中三年　川﨑　菜帆

ひばあちゃんの米寿《べいじゅ》に
みんなで集まった
「ひ孫」の私たちが
ひばあちゃんへメッセージを読む場面
実はおばあちゃんたちが
用意したメッセージ
私たちは恥ずかしさと読みにくさで
どんどん声が小さくなる
するとおばあちゃんが
横から一緒に言い始めた
おばあちゃんの声が一番大きかったので
まわりが笑いに包まれた

尾川小四年　片岡　渚

たくさんのひ孫に囲まれての温かいお祝いの会。節目の年を迎えたひばあちゃんのうれしそうな笑顔が浮かんできました。

職場体験

大月中三年　坂本美由羽

初めての職場体験
私が選んだ仕事先は「エクリュー」
美容師の仕事をする所だ
どきどきしながら行った初日
その店の飯岡さん夫婦が
にっこりと笑って温かく出迎えてくれた
飯岡さん夫婦からは
仕事に対する熱意が伝わってくる
体験の中で気づいたことは
お客様との接し方が
まるで家族のように近い距離で
楽しそうに会話していたこと
どんな時でも笑顔で接すること
二日間の体験で
将来に対する自分の視野が広がった
この経験を将来に生かせたらいいな
そう思った

高岡第一小六年　西原　莉胡

仕事への熱意や果たす役割を学び、自分の将来へと目を向ける美由羽さん。この出会いからも学び確かな成長を感じます。

中学生

戦争

旭中三年　弘瀬　双葉

「あの時、おなかの中におった。」
そう話す私の祖母は、広島で生まれた。
ちょうど、終戦直後の一九四五年だ。
私の家族は戦争とかかわりがないと思っていた。
私は、話を聞いたとき
すごくおどろいた。
中学三年生になって
沖縄に修学旅行に行った。
初めて戦争についてくわしく知った。
自分たちと同じ中学生は
どれだけ苦しい思いをしたのか。
今、幸せな暮らしをしている自分と
照らし合わせてみて、
あらためて考えさせられた。
「平和」
その言葉を大切にして、
命を大事にしていきたい。

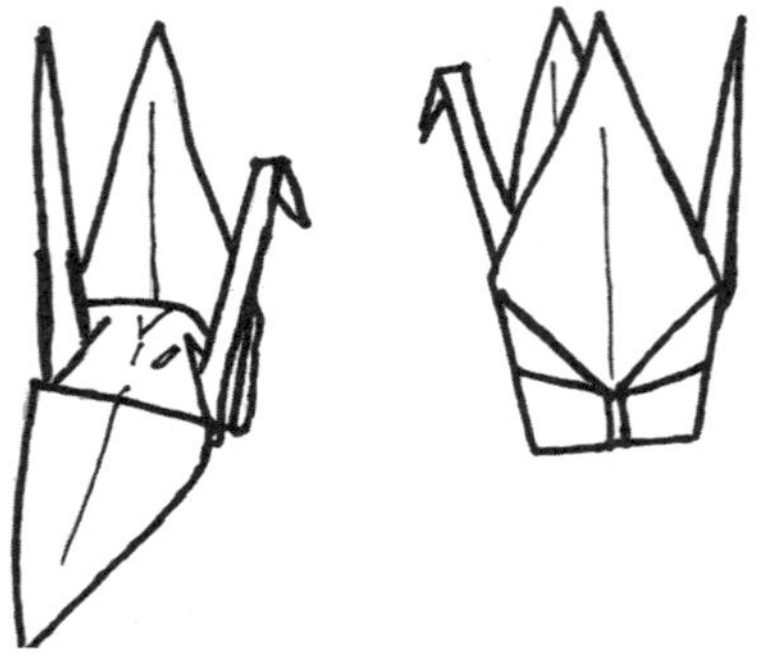

戸波小六年　尾﨑　彩香

祖母を通して身近に感じ、考え、修学旅行で学んだ「戦争」と「平和」。最後の二行から平和への強い思いが伝わってきます。

冬の闇

香長中三年　鶴嶋　柚季

寒い季節、
部活の時間が短く感じる。
夏と練習時間は変わらないのに
短く感じる。

部活で走っているときに
自分が計測している時計を見ると、
ナイターの光が
時計の液晶画面に反射し、
表示されるタイムが見づらい。

はく息が白くなり、
体の芯から寒気が走る。
気がつくと
闇《やみ》は空全体をおおっていた。

言葉が豊かで、二連の描写にうまさが光ります。毎日練習に励む生活から、鮮やかに一つの場面を切り取ったあなたの感性がすばらしい。

ニュースを見て

土佐南中三年　中内　陵太

ニュースを見て思った
政治について興味をもっていない人が多い
このままだとかたよった意見だけが
反映されやすくなり、
よりよい解決法が
見つからなくなってしまう
この問題を解決できる法を
作らなければならないのに
それについて考えていない人が多い
なぜ誰も
そのことについて意見を出さないのかが
不思議

社会のありように目を向け、疑問を投げかけた詩です。変化のきっかけは、まず声を上げることなのかもしれませんね。

中学生

分かる……

大津中一年　廣瀬　優

今日、久しぶりに
ひばあちゃんに会いに行く。
ひばあちゃんは認知症で
最近
物忘れがひどくなっているらしい。
私たちのことが分かるかな。
老人ホームに着いて
ひばあちゃんに会うと
ひばあちゃんは私たちの顔を見て
泣き出した。
お父さんが
「おばあちゃん、まさゆき、分かる。」
と、ひばあちゃんの耳元で
大きい声で言った。
するとひばあちゃんは
「分かる……。」
と言った。
ひばあちゃんは私や妹、
お父さん、お母さんの手を
にぎってくれた。
私は笑顔でひばあちゃんの顔を見た。
私も泣きそうになった。

野市小五年　土居　胡春

虹色

嶺北中一年　筒井　杏奈

木と鉄のひんやりとした温度
初めて見て初めて触《さわ》る
そして初めての私の楽器
かすかだけどちゃんとした音
ポウッていう音
その音は
私の心を動かした

今はあの時の気持ちと
少しの青春が混ざった音
先輩には負けるけど
いつか追い越してみせる
目指すのは遠くまで響《ひび》く綺麗《きれい》な音
みんながうっとりするような
虹色のような音色
焦《あせ》らずゆっくり頑張《がんば》って
私らしい音楽を奏《かな》でよう

シイタケのコマ打ち

吾北中一年　曽我　遥菜

手にずっしりとくる重さの木
チョークで等間隔に印をつける
次はドリルで穴を開ける
先生が穴を開ける場所を
指でさしてくれた
ドリルの
ガガガガ……
という音のせいで
先生が何を言っているか分からない
先生の指が
ズガガガッてなったらどうしよう
変な想像をしてこわくなった
ドリルの音にまぎれて
「上手やねえ」
先生が言ってくれた
安心した
穴を開けるのが楽しくなった
次にシイタケのコマを打つ
だんだん手慣れてきて
コマを打つのがはやくなる
シイタケを食べるのが楽しみだ

初めての中間テスト

吉良川中一年　小林　柊斗

まいったな。
中学校のテストは白黒だ。
小学校のテストはカラーだったのに。
おまけに
社会のテストは字が読めません。
ぼくが読めるように
ひらがなばかりにしてほしい。
おまけに
答えがあったら最高です。

加茂中二年　岡林　響

あたりまえ

大野見中一年　市川さくら

「あたりまえ」って
何だろう

学校に行ける
家族がいる
友達がいる
これ全部「あたりまえ」の生活

こんな生活に
私は感謝している

そして、今日も
「あたりまえ」を生きる
私がいる

色

鳶ヶ池中一年　小松　茉優

色は
反射して吸収されなかった光線だ。
私たちの目に映っているのは
吸収されなかった色。
色は、嫌《きら》われた色しか映らない。
それは、物質が嫌ってはじかれた色。
石の灰色も
葉のみどりも
空にかかる虹の七色も
私たちの肌《はだ》の色も
自分自身が嫌った色しか
他人の目には映らない。
嫌いな色が映る自分の姿を
見られたくはない。
色素を捨てることも
全《すべ》ての色を吸収することもできない。
でも
私は私の色を
受け入れなければいけない。
その色を将来の自分が見たとき、
〝わるくない〟
と思えるようになりたい。

保健所

鳶ヶ池中一年　櫛田　桜

一年に何万匹もの動物が
ここに送られる
彼らに残された日は
三日だけ

人間の勝手で
なくなっていい命なのか
彼らに
生きる権利はないのか

彼らにとっての責任が
人と暮らすことならば
人にとっての責任は
彼らの命を絶やさないことだ

見捨てないで
命を

私のあこがれ

旭中二年　大野絵梨奈

去年の八月、お姉ちゃんは
兵庫の専門学校に行くため引っ越し
お別れの言葉は素っ気なかったけど
お母さんが間違えて名前を呼んだり
振りそでのカタログが
送られてくるたび
少しさみしくなった

冬休み、お姉ちゃんが帰ってきた
専門学校での話をしている姿は
少し大人びていて
すてきだなと思った

尾川小三年　西森　智香

伊与喜小六年　間﨑　花帆

努力の結晶

窪川中二年　久保田美優

私が生まれた年に
何年かぶりに育て始めたというバラ
花が大好きな祖母が
手入れに励んでいるバラ
年々増え
見頃《みごろ》にはたくさんの人が訪れる

植え替え・剪定《せんてい》・誘引《ゆういん》・施肥《せひ》
葉が落ちる休眠期《きゅうみんき》には
たくさんの作業が待っている
寒い中での作業は大変だけれど
美しい花を咲かせるために
欠かせない手入れ
栄養を取り込み勢いのついた枝は
次々に丈夫《じょうぶ》な新芽を吹き
見事な花を咲かせる
根元からは
シュートと呼ばれる新しい枝が伸び
次の花へとつながっていく
心を込めて世話をすれば
美しい花が応《こた》えてくれる

鋭いとげに邪魔《じゃま》されながら
白い息を吐き
作業に精を出す祖母
こんな地道な
作業の積み重ねがあるからこそ
人々が訪れたくなるような
見事な花が咲くのだな

人々を魅了《みりょう》するバラは
丹精《たんせい》込めて手入れに励む
祖母の努力の結晶

岸本小五年　山本　一二

クラリネットＧＩＲＬＳ

県立安芸中二年　渡辺里緒菜

クラリネットＧＩＲＬＳは
今日も仲が良い
私と先輩二人で結成されている
三人のパート練習は笑いがたえない
それでも
コンテストの練習は真剣勝負
うまく吹《ふ》けなくて
自分に腹が立って泣いた
先輩にやつあたりもした
でも
先輩は口に出さなかった
本当は
先輩の方が私より泣きたかったはず

そんなこんなで迎えたコンテスト
三人で奏《かな》でた音楽は万華鏡《まんげきょう》のよう
先輩、
最高の思い出を
ありがとうございました

クラリネットＧＩＲＬＳは
今日はとても仲が良い
今日も三人で大笑いだ

母の味

神谷中二年　濵田　蒼大

（……違う）
ホームステイ先の家で
食事をして思った。
昨年の夏、僕《ぼく》は
海外でホームステイをした。
そこでの出来事だ。

僕の家の食事は、毎日違う。
白いご飯とみそ汁、
おかずが二、三種類。
しかしその国の食事は、
朝はコーンフレーク。
昼はサンドイッチ。
夜はチキンと白いご飯だけ。
このシンプルなメニューの料理を
毎日毎日食べていた。
一週間もたつと
「母の味」が食べたくなった。
しかも、米は細長いインディカ米。
さらに寂しくなってくる。
ホストファミリーの人々は優しく、
毎日がとても楽しかった。

でもホームシックではないが、
「日本の食事をしたい！」
と感じるようになった。

帰宅して家の料理を食べた。
生き返ったように白飯が進んだ。
初めて、
僕はやっぱり
「母の味」が好きなんだと思った。

香我美小四年　間城　小晴

木

香長中二年　北村　優佳

新体操をしている。
皆、一本の細長い木のようだ。
根はしっかりし、
全く折れない丈夫《じょうぶ》な木
練習をすればするほど
根はどこまでも広がり
どんどんきれいに、強くなっていく。
そんな風に私もなりたい。

朝倉小四年　森本ひなた

やっぱり　いらんわ

清和女子中二年　甲把　日毬

「私、兄弟ほしい」
母に言ってみた
「ムリー」
だよね……

私は一人っ子
しかも、怖《こわ》がりのさみしがり屋
自分でも分かる

友達が兄弟のぐちを言う
「お兄ちゃんが……ながよ。

どう思う?」

「妹が……ながって」

いいなあ

でも、ある日
「ぎゃくたい」がタイトルの
テレビ番組を見た
そこには子どもを殺す親がいた
子どもをずっと家に閉じ込める
親がいた

どうしてそんなことするが?

子どもをもつ責任はとても重い

今、私を女手一つで
幸せにしてくれている母
兄弟ができたら
大好きな母をとられてしまうだろう
やっぱり兄弟はほしくない
初めてそう思った
私、幸せやん

吾北小四年　伊東　紗良

ストーブ

大栃中二年　小松　有結

朝早く登校できた日
私はうれしい
機嫌《きげん》良くチャッカマンを借り
まるで虹を渡るような軽い足取りで
階段を駆《か》ける
誰《だれ》もいない教室の戸をガララと開け
ストーブの前に滑《すべ》り込む

前は
うまくストーブがつけられなかった
不器用だと笑われ
慣れた手つきで点火しているのを
じっと見ていた

カチャ　ガリリリ
カッシャン　ヴォッ
何でもないこと
本当にささいなこと
それでも
ストーブに、私の心に
火をともすことに幸せを感じる

ゆいいつの存在

大津中二年　中西　優月

優月のおじい
パン屋さんをして
パン作りの先生をして
みんなに好かれちょって
自分をほめてくれて
いかんところは
おこってくれるおじいが
優月は大好き
でもとつぜん
おじいはしゃべれんなった
ほめてくれん、おこってくれん
もう優月は
ぼろぼろ以上になっちょった
みんなに苦しい所を見せずに
天国へいった
今、少しでも思うと
涙が止まらなくなる
早く会いたい
自分の命を捨ててでも
自分を見失っちょった

でもおばあちゃんが
おじいは孫の中で
優月を
一番に考えよってくれたって
それを聞いて
見失いゆう場合じゃなかった
これからおじいみたいに
感謝される人になるって決めた
おじい待ちよってね

高岡第一小五年　池田　光希

祖父と祖母

旭中三年　竹本　衿果

祖父が亡くなって約五年。
祖母は祖父を思い出すたび
泣いている。
五年もたつのに。
祖父がまだ生きているころ、
祖父と祖母は毎日けんかをしていた。
正月でも、
皆でご飯を食べに行っても。
でも、祖父が肺がんになり入院した。
祖母は祖父に
毎日のように会いに行った。
祖父の病気が治るように願いながら。
約一年後、祖父が亡くなった。
祖母は祖父の話になると、
けんかをしていた話より、
楽しかった思い出を
私の父と話しだす。
私は、
こんな家族をつくりたいな、と思った。

平和に溺れて

香長中三年　武市菜乃子

ささいなことで喧嘩《けんか》したり
欲しいものが手に入らなかったり
うまくいかないことばかりで
落ちこんだり
そうやって人生がいやになって
「生きる」って何って
そう思うのは
平和という穏やかで静かな海に溺《おぼ》れ
人々の愛に包まれて
過ごしてきた日々が
あたりまえだと思っていたから
私は、平和を知らなかった
この温かな空気が
恵まれているのだと、
尊いものなのだと気づけなかった
もう「生きる」ことに
意味なんて求めない
そのかわりにこう思おう
「生きているだけで幸せ」

吾北中一年　曽我　遥菜

私の住んでいる所

大栃中三年　小原　優季

私の住んでいる所は
周り三六〇度
見渡すかぎり山だらけ

上を見上げて見てみると
青空、時折曇《くも》り空
いろんな表情見せている

人口は結構少なくて
お年寄りの方、多く
少子高齢化社会の波せまる

何もない所だけれども
やっぱり私が好きなのは
私が住んでいる所
たとえ離れてしまっても
好きな気持ちは変わらない

最後の定期演奏会

大月中三年　橋本　優衣

人が次々入ってきた
開演時間が近づいてきた
入ってくる人を見ながら
今までの練習の様子を
思い出していた
部長のあいさつも終わって
演奏が始まった
一人一人の楽器が鳴っていた
私はまるで
観客側で聴いている気がした
すぐに集中して
自分のパートを吹《ふ》いた
次々と曲が終わり
定演も終わった
終わったという達成感と同時に
好きな漫画が
終わってしまったときのような
寂しさを感じた

引退

伊野中三年　金子菜々子

十一月九日、吹奏楽部を引退した。
毎日毎日部活だった。
休みなんてたまにしかなかった。
楽しいこともあったけど、
つらいことの方が多かった。
引退前は、早く引退したいと
思っていた。
けど、引退すると、
もう少し部活を続けたいな
と思った。
この三年間を思い出すと、
吹奏楽部での思い出しかなかった。
全く上手じゃなかったけど、
先輩にほめられるとうれしかった。
後輩ができて、
比べられることが多くなった。
でも、後輩が上手になると
とてもうれしかった。
悪いこともして、
何度も何度もおこられた。
いろんなことがあった三年間。

すっごい楽しかった。
吹奏楽部でよかったなーと思う。
先生、三年間指導してくれて
ありがとうございました。

清水ヶ丘中一年　山崎　夢空

やまもも
親と子 詩の教室
作品から

平成26年
7月20日（日）いの町会場
27日（日）土佐市会場
8月18日（月）安芸市会場

川内小三年　森　汐璃

吾北小二年　上﨑　万寛

芸西小二年　谷岡　奏瑠

安芸第一小三年　山崎　楓太

穴内小三年　北川　千早

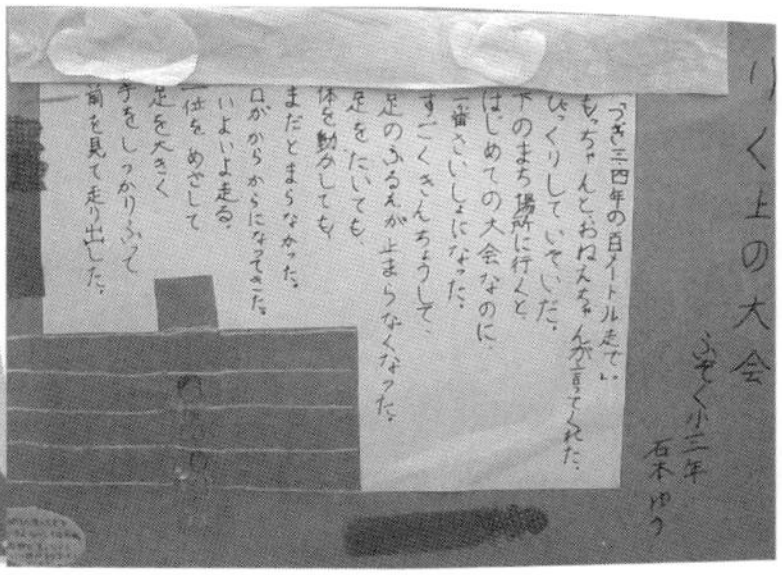

高知大学附属小三年　石本　ゆう

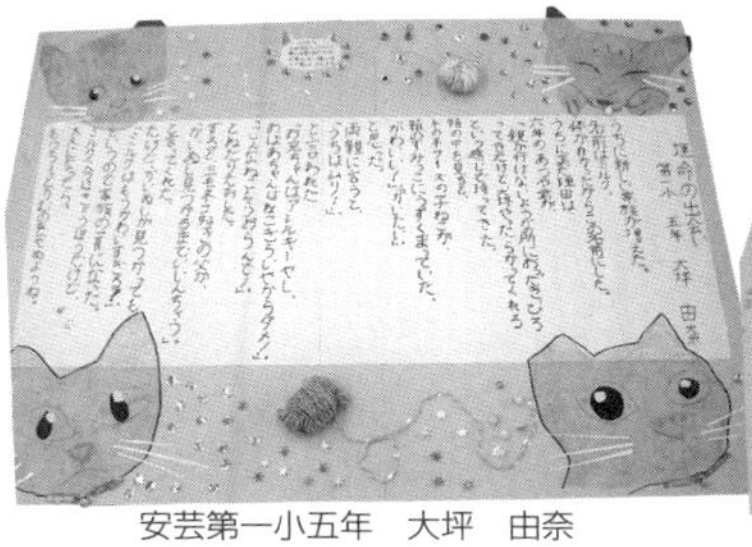

安芸第一小五年　大坪　由奈

吉備高原小二年　淀川結乃花

安芸第一小五年　川竹　結子

きいて　きいて
ちいさなつぶやき

高知市かがみ幼稚園

のうみその　おしいれ

6才　うえた　ともき

おかえりの　じゅんびを　している
とき、
「れんらくを　おうちの人に　わす
れずに　言ってね。」
「ぼくねえ、かみに書いて、
のうみその　おしいれに　入れた
き。だいじょうぶ。」

はな水が　くもの糸

6才　やなぎもと　ゆい

友だちの　はな水を見て、
「うわー、くもの糸みたいや。」

きんにくみたいな　うんこ

6才　またの　ときと

きゅうしょくのあと、大便をして、
「ぼくのうんこはよー、かたくて、
太くて、きんにくみたいな　うん
こながよ。」

つららは　おにのきば

6才　たかはし　せいら

「あさ、つららを見つけてねえ、つ
ららが　おにのきばみたいやった
よ。」

これ　ちゅっと　すうて

6才　やなぎもと　ゆい
いとう　まい

ほとけのざの花であそんでいたゆい
ちゃん、やってきたきゃくに、
「あのねえ、これちゅっと　すうて。
おいしいぜえ。」
「白いほうを　こうやって　すうて。
あまいろう。すうたらたべて、お
いしいぜえ。」
まいちゃんも加わって、
「これ、ふえの花っていうがぜえ。
おいしいぜえ。」
二人で、花びらをちゅうちゅうとお
いしそうにすう。
「もう一回すうてから、たべて。ま
たね。バイバイ。」

ほうせき　のっちゅう

5才　やまさき　そうし

花の上にのっている　しずくを見て、
「ほうせきが　のっちゅうき　おね
がいせんといかん。」

ママのいびき

5才　あけち　ゆいな

じしんのあと、地面に耳を当てて、
保育士「何か聞こえる?」
ゆいな「うん、ごーっていいゆう。
ママのいびきみたい。パパはもっと
おっきい。」

お日さまに　まけた

5才　やまさき　そうし

あさの月を見ようと空を見上げる
が、くもって見えない。
「月がない。お日さまにまけた?」

くさむしの　こばん

5才　かわだ　りくと

げきでつかった　おおばん　こばん
と　小さい　こばんがたのしょくぶ
つを　くらべて、
「りくとらあの　おおばん　こばん
はこれ。きつねのこばんと　たぬ
きのこばんは　ちっちゃすぎる
き、ちがう人の　こばんながで。」
「だれのこばん?」
「うーん、くさむし。」

十市保育園

大すきになったら　たのしいね
4才　Yくん

まいあさ　えんのまわりのマラソンをやっています。「先生！マラソンいっしゅん（いっしゅう）も歩かんずつ　さいごまでできた。マラソンが大すきになってきた。大すきになったらたのしいね。」

心に　のこっちょった
4才　K子ちゃん

「友だちの　なまえ　だいじに　よばないかん。先生がおしえてくれたこと　心に　のこっちょったがで。」

ゆめで　行ったが
4才　Iくん

「先生、ぼくよ　ブラジル　行ってきたで。一回だけやけど。すべりだいとか　ブランコとか　てつぼうもあったがで。すごいおもしろいがで。ま、ゆめで　行ったがやけど。」

一人でおきれたよ
4才　Rくん

「きょう、一人でおきれた。おきていったら　ママがびっくりしたかおで　よろこんじょったがで。うれしかったー。」

おかあさんのかおが　すき
4才　Mくん

「ぼくね、おかあさんのかおがすきなが。だってね、おかあさんのかお　おもしろいかおやもん。」

あしたは　いい日
4才　Tくん

保育士がその場でしを作り、歌うと、Tくん「先生ぼくも歌を作ったよ。きいて。」

「あしたは　いい日　あしたは　いいことある　あしたは　きっといい日だよ。なんでかっていうとわからないんだけど。あしたはきっといい日だよ。」

パパと　けっこんする
4才　S子ちゃん

「わたし、パパと　けっこんすることにきめた。だってかっこいいがやもん。パパに　きょういおうと思いゆう。たぶんよろこぶろうね。」

ちょっこり　にげていく
1才　Hくん

”まめまき“の歌をねっしょうしていたHくん。

「♪～オニはちょっこりにげていく～♪」

びびか　行ってくる
1才　Sちゃん（ふたごのしまい）

「Sはびびか（じびか）行ってくるとー。」

びびかに行っておくれてきたSちゃん。「どこ行っちょった?」と聞くと、「Sちゃんね～　びーびーか　行っちょったあー。」

さくらの木も　にげたらいい
4才　Aくん

ひなんくんれんからの帰り、Aくん「先生、ほいくえんのにわのさくらの花も、海の水につかる?」
保育士「そうやね、少しつかるかもしれないね。」
Aくん「じゃ、さくらの木も　いっしょに高いところに　にげたらいいね。」

影野小二年　中越　礼人

詩を書くために
詩のタネさがそう
さて?
詩が生まれる
かな。
はじめて
泳いだ
ゆうべ雪がふった
うれしかった
かなしかった
もんくいいたい
おこられた
ほめられた
はらがたった
なかなおり
友達の●●さんと
すごいけんか
わたしのかぞく
兄弟、姉妹、おじいちゃん
おばあちゃん etc
いっしょうけんめい
お手つだい
あせびっしょり
や
で
世界の動きやニュース
身のまわりのできごと
思いっきり
あそんだよ
実験
ドキドキ
かんさつ
じっくり
日記をもとにして
あさがお
咲いたよ
学校でのこと
手を上げてがんばったよ
参観日
はやく芽を出せ、詩のタネ!

詩作品を寄せてくれた学校

【室戸市】佐喜浜小、三高小、元小、羽根小、中川内小、吉良川中【安芸市】下山小、伊尾木小、川北小、東川小、土居小、安芸第一小、穴内小、赤野小、県立安芸中【奈半利町】加領郷小【北川村】北川小【馬路村】魚梁瀬小【安田町】安田小【芸西村】芸西小

【香南市】夜須小、岸本小、赤岡小、吉川小、野市東小、野市小、佐古小

【香美市】舟入小、山田小、楠目小、片地小、香長小、大栃小、大栃中

【南国市】十市小、稲生小、大篠小、日章小、大湊小、後免野田小、岡豊小、長岡小、国府小、久礼田小、白木谷小、香長中、鳶ヶ池中、清和女子中【大豊町】おおとよ小【本山町】嶺北中【土佐町】土佐町小【大川村】大川小、大川中

【高知市】第四小、江ノ口小、江陽小、旭東小、潮江小、潮江東小、昭和小、秦小、初月小、長浜小、三里小、五台山小、高須小、一宮小、行川小、朝倉小、鴨田小、一ツ橋小、介良小、大津小、朝倉第二小、潮江南小、神田小、泉野小、一宮東小、十津小、横浜新町小、介良潮見台小、横内小、鏡小、土佐山小、春野東小、春野西小、はりまや橋小、高知大学附属小、高知小、高知ろう学校、高知江の口養護学校高知大学医学部附属病院分校、若草養護学校、潮江中、大津中、旭中

【いの町】枝川小、伊野小、伊野南小、川内小、神谷小、吾北小、長沢小、伊野中、神谷中、吾北中【仁淀川町】池川小、別府小、長者小

【土佐市】宇佐小、新居小、高石小、高岡第一小、高岡第二小、蓮池小、波介小、北原小、戸波小、土佐南中【須崎市】浦ノ内小、吾桑小、南小、新荘小、安和小、上分小【日高村】日下小、加茂小【佐川町】佐川小、斗賀野小、尾川小、黒岩小【越知町】越知小【津野町】葉山小、中央小【梼原町】梼原小【中土佐町】大野見小、久礼小、大野見中、久礼中【四万十町】仁井田小、影野小、七里小、米奥小、窪川小、川口小、東又小、北ノ川小、田野々小、窪川中

【四万十市】下田小、竹島小、東山小、蕨岡小、大用小、利岡小、中村南小、川登小、中村小、具同小、東中筋小、中筋小、西土佐小、大川筋中【土佐清水市】下ノ加江小、幡陽小、足摺岬小、清水小、三崎小、下川口小【宿毛市】小筑紫小、大島小、咸陽小、宿毛小、松田川小、橋上小、山奈小、平田小【黒潮町】拳ノ川小、伊与喜小、佐賀小、上川口小、南郷小、田ノ口小、入野小、三浦小、大方中【三原村】三原小【大月町】大月小、大月中

一ツ橋小二年　有藤　有香

元小三年　西　藍那

カット・写真を寄せてくれた学校

【室戸市】佐喜浜小、三高小、元小、羽根小、中川内小【安芸市】下山小、伊尾木小、土居小、安芸第一小、穴内小、赤野小、清水ケ丘中【奈半利町】加領郷小【北川村】北川小【田野町】田野小【馬路村】馬路小、魚梁瀬小

【香南市】夜須小、岸本小、香我美小、赤岡小、吉川小、野市東小、野市小、佐古小【香美市】舟入小、山田小、楠目小、片地小、香長小、大宮小、大栃小、大栃中

【南国市】十市小、稲生小、大篠小、大湊小、後免野田小、岡豊小、長岡小、久礼田小、白木谷小、清和女子中【大豊町】おおとよ小【土佐町】土佐町小【大川村】大川小、大川中

【高知市】第六小、江ノ口小、江陽小、旭東小、潮江小、潮江東小、昭和小、秦小、初月小、長浜小、三里小、五台山小、高須小、一宮小、行川小、朝倉小、鴨田小、一ツ橋小、介良小、大津小、朝倉第二小、潮江南小、神田小、泉野小、一宮東小、十津小、横浜新町小、介良潮見台小、横内小、鏡小、土佐山小、春野西小、はりまや橋小、高知大学附属小、高知ろう学校、若草養護学校、潮江中

【いの町】枝川小、伊野小、伊野南小、川内小、神谷小、吾北小、長沢小、伊野中、吾北中【仁淀川町】池川小、別府小

【土佐市】宇佐小、新居小、高石小、高岡第一小、高岡第二小、蓮池小、波介小、北原小、戸波小【須崎市】吾桑小、南小、新荘小、安和小【日高村】加茂小、加茂中【佐川町】佐川小、斗賀野小、尾川小、黒岩小【越知町】越知小【津野町】葉山小、精華小、中央小【梼原町】梼原小

【中土佐町】大野見小、久礼小、大野見中、久礼中【四万十町】仁井田小、影野小、七里小、米奥小、窪川小、川口小、東又小、北ノ川小、田野々小、窪川中

【四万十市】下田小、竹島小、東山小、蕨岡小、利岡小、中村南小、川登小、中村小、八束小、具同小、東中筋小、中筋小、西土佐小【土佐清水市】下ノ加江小、幡陽小、足摺岬小、清水小、三崎小、下川口小【宿毛市】小筑紫小、咸陽小、宿毛小、松田川小、橋上小、山奈小、平田小、片島中、東中【黒潮町】拳ノ川小、伊与喜小、佐賀小、上川口小、南郷小、田ノ口小、入野小、三浦小【三原村】三原小【大月町】大月小

長岡小四年　岡﨑美来乃

佐古小一年　小笠原美愛

作品えらび・短評／編集委員

安藤　玲子（いの町吾北小学校）
池　　洋美（南国市大篠小学校）
井関　和代（本山町本山小学校）
伊藤　有里（佐川町斗賀野小学校）
茨木　享子（宿毛市宿毛小学校）
岩﨑　順子（香美市山田小学校）
植野　慎司（高知市一宮小学校）
大坪　美記（高知市朝倉小学校）
岡﨑　広典（高知市久重小学校）
小笠原哲司（元高知市潮江東小学校）
尾﨑　由美（高知市旭中学校）
小原　　孝（室戸市室戸岬小学校）
片岡　忠三（高知市朝倉小学校）
門田　博人（四万十町東又小学校）
北岡　郁子（南国市香南中学校）
北岡　敬子（高知市秦小学校）
北代　久雄（南国市後免野田小学校）
木原恵美子（佐川町佐川小学校）
黒原　武志（香美市楠目小学校）
小濵　みほ（高知大学附属小学校）
小松　康文（高知市潮江東小学校）
三宮　季里（香美市大栃中学校）
高橋美智子（元いの町吾北小学校）
武市　親典（高知市潮江小学校）
田中　　郁（元土佐市波介小学校）
谷岡　園巳（中土佐町大野見小学校）
德弘　美子（本山町嶺北中学校）
長尾　花奈（香南市香我美小学校）
西本　衣里（香南市佐古小学校）
橋村　宏美（佐川町尾川小学校）
畠山　　市（土佐市高岡第一小学校）
堀地　美香（高知市横内小学校）
松本　治彦（四万十市東山小学校）
水田　真弓（高知市神田小学校）
宮川　真幸（高知市潮江東小学校）
宮﨑　奈苗（四万十市具同小学校）
森山　晴子（日高村佐川町学校組合加茂小学校）
安岡　雄三（元室戸市羽根小学校）
矢野　　和（香南市野市東小学校）
矢野　浩衣（いの町川内小学校）
矢野　昌子（高知市行川小学校）
山内さとみ（土佐町土佐町小学校）
山岡ゆかり（南国市後免野田小学校）
山中　幸恵（高知市鴨田小学校）
山本　明彦（黒潮町拳ノ川小学校）
吉川　直子（南国市香長中学校）
渡邊　智穂（四万十市中村小学校）
渡辺　美香（四万十市中村南小学校）
和田八重子（南国市大篠小学校）
岩井　純子（やまもも会会員）
上杉　美和（やまもも会会員）
坂本　　浩（やまもも会会員）
竹内　　功（やまもも会会員）
丹下　主教（やまもも会会員）
道願　恭子（やまもも会会員）
花方　憲子（やまもも会会員）
前田　和美（やまもも会会員）
山﨑　章恵（やまもも会会員）

企画／高知県児童詩研究会

ご意見・ご感想をお寄せください。
〒七八〇―〇八七〇
高知市本町三丁目一―一
高知新聞総合印刷気付
やまもも事務局

精華小二年　竹村悠太郎

さくいん

《自然・遊びのこと》

高知ろう学校二年　岩田　桃未

《社会のこと》

葉山小二年　大﨑　優那

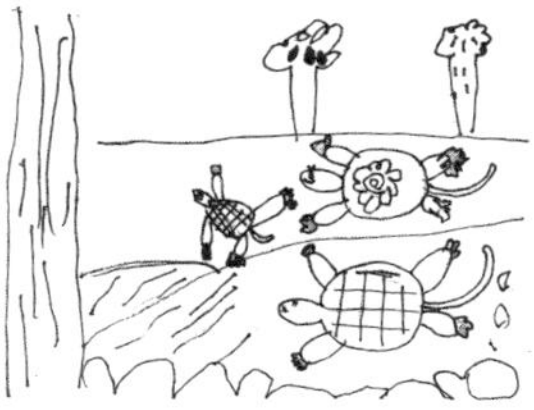

北ノ川小二年　宮崎　優月

《家庭のこと》

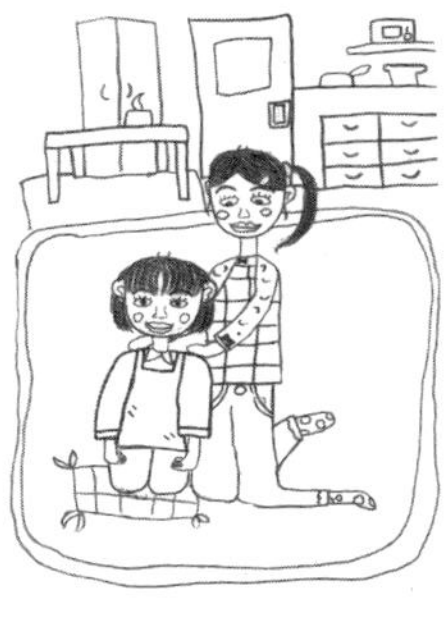

横内小三年　川村　空

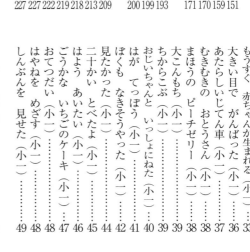

魚梁瀬小一年　井上　和奏

《学校のこと》

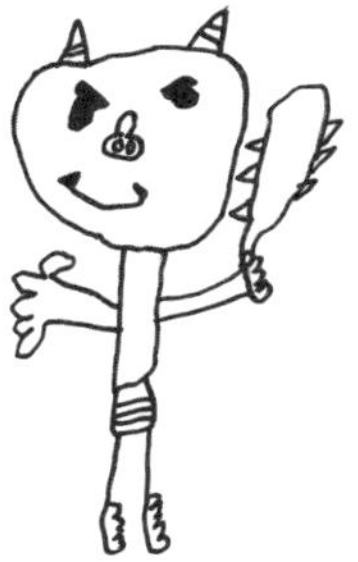
窪川小一年　武市　侑和

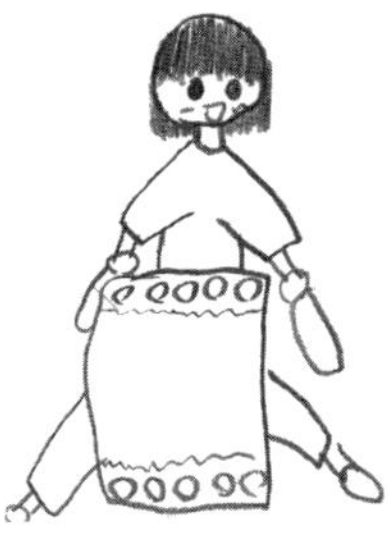
大野見小二年　市川　せり

《仕事のこと》

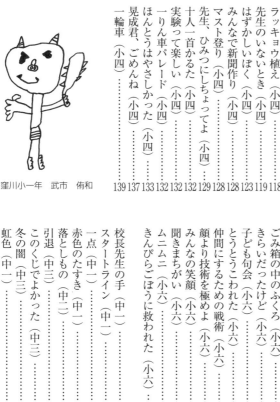

『やまもも』の歩み

昭和51年12月	高知県子ども詩集発行のための準備委員会
昭和52年6月	高知県子ども詩集『やまもも第1集』発行
昭和54年4月	日本作文の会優秀詩作品賞『やまもも第2集』(日本作文の会)
昭和57年10月	第17回北原白秋賞『やまもも1〜6集』(日本作文の会)
平成9年1月	第41回高知県出版文化賞『20集記念　こどもはうたう』(財団法人高知県文教協会)
平成18年10月	第2回全国新聞社出版協議会ふるさと自費出版大賞最優秀賞『うたいつづけて やまもも30年』(全国新聞社出版協議会)
平成19年1月	第51回高知県出版文化賞『うたいつづけて やまもも30年』(財団法人高知県文教協会)
平成19年11月	高知県文化賞「高知県児童詩研究会」(高知県)
平成20年11月	地域文化功労者賞「高知県児童詩研究会」(文部科学省)
平成25年4月	第62回全日本文詩集表彰特別奨励賞『子どもが紡ぐ365日』(日本作文の会)
平成26年4月	第63回全日本文詩集表彰地域実践賞『やまもも第38集』(日本作文の会)

むてきの三人組

高知県こども詩集『やまもも』第39集

2015年4月29日発行

企画・編集　高知県児童詩研究会
発行　高知新聞社
制作・印刷　㈱高知新聞総合印刷
発売元　㈱高知新聞総合印刷
〒780-0870　高知市本町3丁目1-1
TEL(088)856-6573　FAX(088)856-6574

(落丁・乱丁本はおとりかえいたします)

ISBN978-4-906910-34-2